# あな

# 仕事力・生産性10倍(アップ)upの極意

# はじめに

本書は、単に仕事力をアップする本ではありません。「あなたの人生を必ず変えてしまう経験、ノウハウ」が凝縮されています。

スーパージェネラリストを目指す富、無限大コンサルタント菅谷信雄は、約50年に及ぶビジネスマン人生で得たノウハウの一部を、昨年「10倍アップの極意シリーズ」として4冊（英語力、人脈力、コミュニケーション力、営業力）を出版しました。

本書『あなたの仕事力・生産性10倍アップの極意』で解説する仕事力を身につけると、あなたのトータル的な能力を押し上げることになります。本書の副題に「本書が必ずやあなたの人生を変える！」と記載されているように、仕事に対する精神的態度をどのように持つかによって、あなたの人生が大きく変わります。そのような意識で本書を是非読んでいただけますか。

私自身ナポレオン・ヒル始め数多くの自己啓発書を読み、自己啓発セミナーに参加し、それを実践してきました。1000万円以上は自己投資してきました。そして、私自身自己変革し、人生を変えてきました。その過程で仕事力をアップさせ、自分自身の器も大きくしてきました。70年以上に及ぶ私の人生経験、自己変革の内容が凝縮されています。あなたも本書を読み、実践することで、あなたの人生を必ず変えることになると確信しています。

三井物産入社時の新人研修で、橋本栄一元会長（故人）の「人が仕事をつくり、仕事が人を磨く」という小冊子を読んで大いに啓発されました。

キーワードは「仕事が人を磨く」です。人は仕事をつくっていきます。しかし、「仕事が人を磨く」ことが大切です。この視点を忘れたら、大企業や官僚組織のようにいつの間にか組織や仕事が肥大化して、逆に人の足を引っ張ることになります。

私は三井物産在職中の25年間で、10カ所の異なる職場で10の異なった仕事を経験しました。

経理業務からスタートし、国内鉄鋼営業、石炭の輸入業務、カナダ三井物産駐在では新規炭鉱の開発、帰国してからは鉄鋼部門のシステムコーディネーターを経験しました。

その後、新たにできた情報産業部門で、テレマーケティングの新会社「もしもしホットライン」の設立の責任者として同社を立ち上げ、営業担当の役員として出向しました。ここでも数多くの貴重な経験をしました。入社時の経理業務を除き、全て私の希望通りの人事異動となりました。その意味で、私を育ててくれた三井物産に今でも感謝しています。

「もしもしホットライン」創業10年後に、私は三井物産を早期退職しました。同社の創業経験が現在の中小・ベンチャー企業経営コンサルタント業務に大いに役立っています。この経験は金銭に換えがたい私の大きな財産となっています。当然仕事力も飛躍的に上昇しています。

世界最小の総合商社、マーキュリー物産では、ピーク時には私も含め15人の従業員がいました。そのとき、仕事力の差を歴然と感じました。

営業力、IT能力、事務処理能力、コミュニケーション力、人間力、モチベーション等々、個々の社員同士にも差がありました。本書を書こうと思ったきっかけはそこにありました。

私自身社会人になってから今年で50年目です。その間絶えず、仕事に真摯に向き合ってきました。それに伴い仕事力もアップしていきました。

仕事が自分を作り、現在の自分があると思っています。私自身絶えず人生にチャレンジし続け、自己成長してきました。

特に若い人には、自分の人生を変える精神的態度の重要性を本書から読み取り、あなた自身の人生を変えていって欲しいと思っています。

もう1本の軸として、私自身絶えずミッションを持って仕事に取り組んできました。

現在も「生涯現役社会を創る」というミッションで仕事に取り組んでいます。だから今年72歳になる今でも仕事力はアップしています。自己成長している喜びを感じています。

だから大きな意味での仕事力として捉えるなら、仕事力は、その人の精神的態度により100倍にも1000倍にもなっていきます。人間は自己成長することが喜びであり、幸福感を得ます。

今年も、同様の方針で、全て私の経験を基に具体的にわかりやすく書き下ろしたモノを出版予定ですのでご期待ください。

なお、本書の内容は、全ての仕事、ビジネスに必要となりますので、対象者は全ての仕事に従事する人といえます。

本書を精読し、活用することであなたの人生を変え、仕事力が10倍アップすることを願っています。

令和3年3月

富、無限大コンサルタント
最勝の経営参謀役
菅谷信雄

# 目次

## 第2章 仕事力をアップする原理原則

## 第3章 時間管理戦略の重要

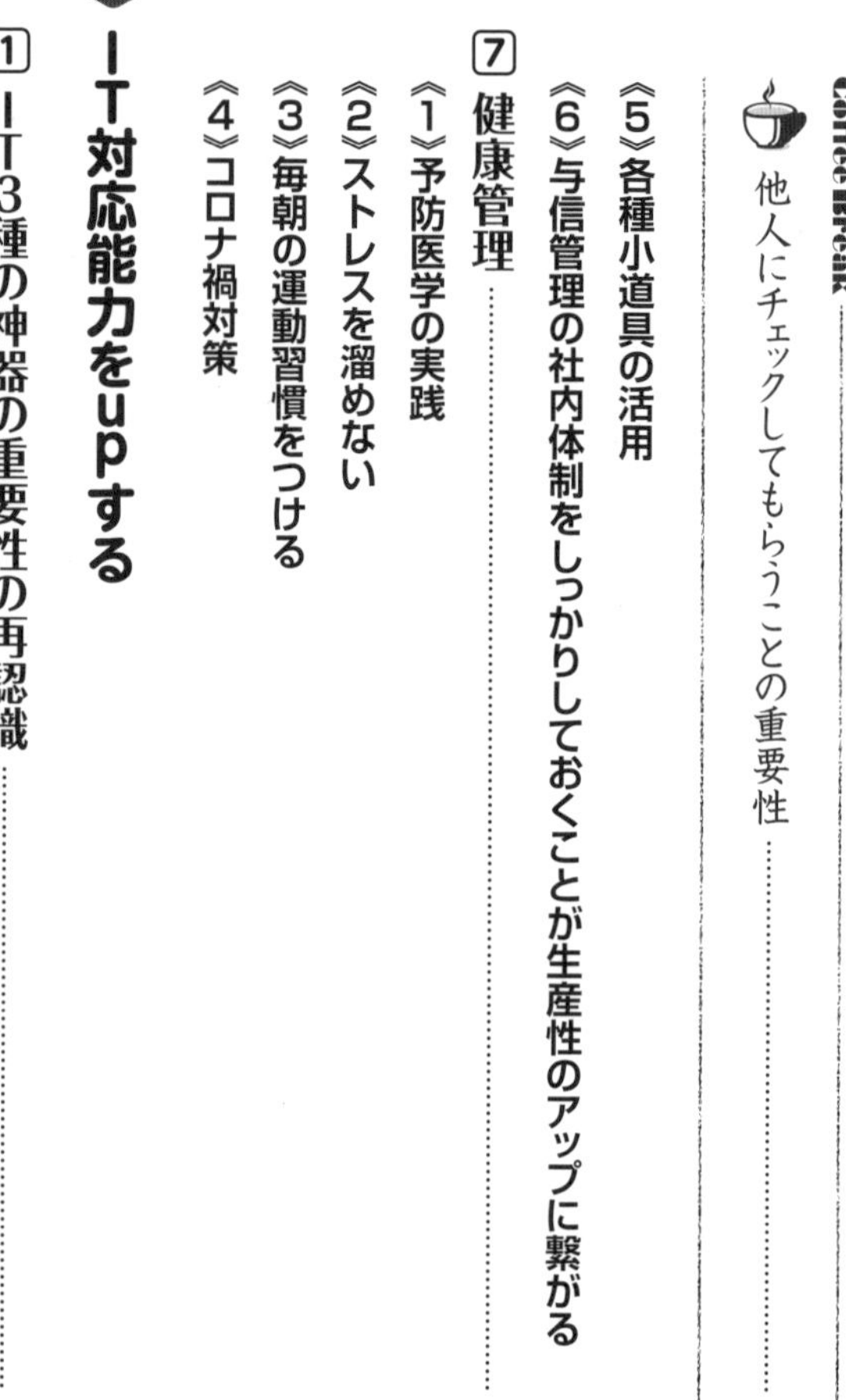



## 第4章 IT対応能力をupする

## 第5章 MLMで成功する仕事力アップの極意

第1章

# 仕事力をアップする精神的態度

# 1 何の為に仕事をするのか？

## 《1》何の為に仕事をするのか？

この「何のために仕事をするのか」ということが、あなたの仕事力アップに必要不可欠です。ここがまずは基礎で、一番重要なところです。ミッションにあたるところです。あなたの仕事が営業でも管理部門でも技術部門でも、いろいろな仕事があると思います。どんな仕事をやろうともこのベースとなる、一体自分は何のために仕事をやるのかということが明確になってないと、本書で採り上げるテーマを読んでも、ただ「いいね」で終わってしまうのではないかと思います。

この「何のために仕事をするのか」を明確にすることで、本書の各項目が腹落ちし、あなたの仕事力は格段にアップしていくことになります。

そこを明確にすることは、どんな人生を生きたいのかにつながってきます。学校を卒業してから、定年になるまで、あなたの人生の大半の時間は仕事に費やしています。オーナー経営者や個人事業主は、自分で定年を決めるわけですが、同様に人生の大半の時間を仕事に費やしています。

人生は長いようであっという間に経ってしまいます。

今年72歳になる私は、30年前は42歳、三井物産の情報産業部門情報通信事業部で新規事業の責任者として数々の新規事業を推進していました。その当時、正直30年後の自分をイメージできていませんでした。

●自分の人生の将来図をイメージする

定年時

20～30代

人生計画を立てる

しかし、現在では30年後の自分を、おおよそイメージできています。私の場合、120歳までのおおよその人生計画を立て、それに沿って生涯現役人生を送っています。私の年齢になると自分事は終わり、世の為人の為という行動哲学で生きています。だから若い人に訴えたい。「何のために仕事をするのか」と。

学校を卒業して社会人となり、結婚して、子供ができる。その間、家族のために一所懸命仕事をがんばっていたらいつの間にか歳をとっていた。体型もいつの間にか肥満の中高年体型になっていた、という人が多いと思います。そして、定年を迎えます。そのとき、「俺の人生、一体何だったんだ！」と後悔する人もたくさんいます。そうならないためにも、くどくなりますが、「何のために仕事をするのか」がとても重要となります。この精神的態度を持って生きていくかどうかによって、定年退職時に自分の人生を振り返ったとき、「後悔しない人生だった」といえるかどうかが決まってきます。

私はここで一流大学を出て一流企業に勤め、エリートコースに乗ることを決して奨めていません。あくまで自分に忠実に、正直に生きることが「何のために仕事をするのか」のベストな選択肢だと思っています。

私自身、高校2年生の時にミッションを抱き、ミッションで生きてきた人生をたどっています。そして、今、自分に忠実に、正直に生きてきて良かったとつくづく思っています。だから「何のために仕事をするのか」が最重要テーマであると序論で述べました。

## 《2》ミッションを掲げる

ミッションで生きてきた私の人生を簡単に振り返ってみます。

私は高校2年生の時に、「日本は資源小国、だから貿易が国是、それなら将来世界を股にかけるビジネスマンになろう！」と

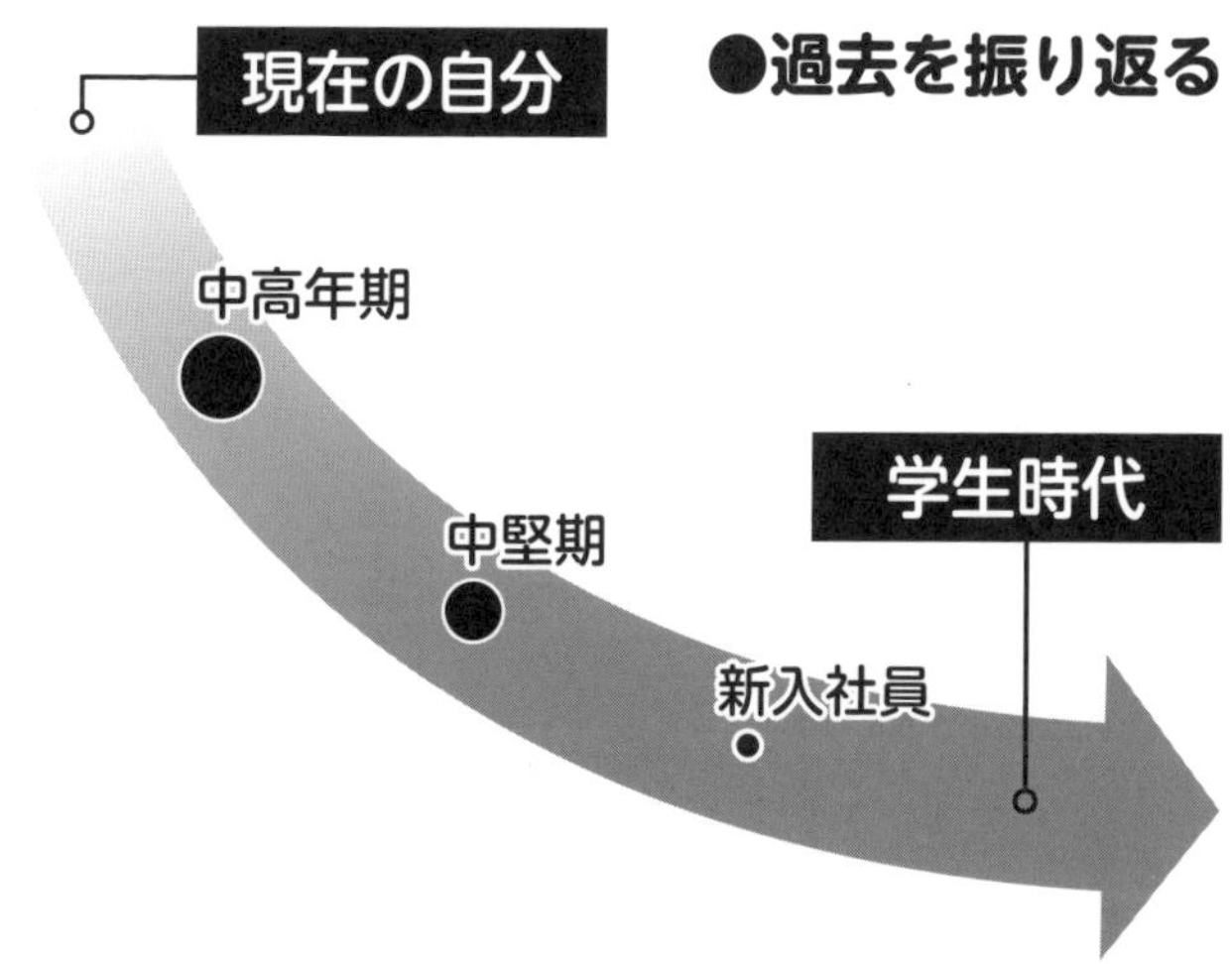

決意しました。

その為に、一橋大学商学部に進むことがベストだと思いました。

一橋大学商学部卒業後は、総合商社三井物産に就職しました。当時、人の三井、組織の三菱と言われていましたが、私は迷わず人の三井の三井物産を選択しました。入社時の配属先は、開発本部管理会計部開発会計課でした。自分のミッションとはかけ離れた部署でした。しかし、経理業務は、決算時以外は比較的時間をコントロールできることが分かりました。

入社3年以内に英語検定試験を受けることにしました。三井物産では、海外駐在する為には、英語の資格試験が義務づけられていることが分かったからです。そこで、私は初任給4万7000円の時代に、25万円もする英会話教材セットを割賦で購入しました。現在の価値にすると100万円程度の投資になります。なぜそうしたのかと言えば、私のミッション「世界を股にかけるビジネスマンになる」があったからです。英語の資格検定は入社2年後に取得できました。

海外赴任のチャンスは入社8年目30歳の時、石炭部在籍中に巡ってきました。石炭部では、若手石炭部員の海外研修員制度がありました。米・加・豪州の3カ国に半年間派遣され、現地店と炭鉱で実地研修を受ける制度です。私は1980年の6月末にカナダ、9月末から米国で研修を受ける計画でした。

しかし、研修の途中で、10年ぶりに15年間の長期石炭契約が2つも決まり、現地店は猫の手も借りたい程超多忙でした。そこで、私の米国行きは中止となり、カナダ三井物産カルガリー店に転勤が決まりました。

私は他の物産マンより早く英語検定試験に合格していたので、チャンスが早く巡ってきました。自分の将来の進路「世界を股にかけるビジネスマンになる」を明確に決めていたことで、他の物産マンより、早くチャンスが回ってきたことになります。

カナダ三井物産に駐在して、グレッグリバー炭鉱と日本の製鉄会社と年間200万トン、15年の長期契約を締結しました。そこで、私の夢である「世界を股にかけるビジネスマンになる」は実現しました。

しかし、現地での仕事は私の思い描いたイメージとはかなりかけ離れていました。カナダに赴任する前に人事部の研修がありました。そこで、カナダに赴任したら

「日本人とばかりつきあわないでカナダ人とできるだけ多くつきあうように」とのアドバイスを受けました。

私は、そのアドバイスに従い、我が家に取引先のカナダ人夫婦を招待したり、招待されたりしました。日本人とのつきあいより、カナダ人とのつきあいを重視しました。

また、カルガリーはカナディアンロッキーの玄関口の為、日本の製鉄会社、電力会社、セメント会社、更には三井物産の本社の幹部が次から次へとカナダにやってきました。まずは、カナディアンロッキー観光とゴルフの2本立てで時差ぼけを解消します。そして、平日は炭鉱視察というおきまりのコースです。夜は麻雀の接待です。したがって、4月から9月までの半年間は土日の休みもなく、日本から来る顧客のアテンド業務がメインの仕事でした。

顧客にも重要度のランクがあり、最重要顧客は、三井物産の幹部です。特に自分の出世に影響のある幹部が来ると、バンクーバー支店長やカルガリー所長は接待に血眼です。当然、その接待の指示は私の所に来ます。

次に重要な顧客は、鉄鋼メーカーの幹部です。

私の上司達は接待に疲れ切り、平日の昼間は天気が良いと息抜きのためにゴルフに出かけます。カルガリー所長の場合、バンクーバー支店長が不在とわかると、部下を誘ってゴルフ三昧です。私も誘われましたが、気が引けるので、仕事を優先させました。

そんな私は奇人変人扱いされ、上司の評価は余り高くありませんでした。上司にごまをする同僚の方がかえって評価が高かったといえます。

## 《3》次のミッションを探す

そんな仕事に嫌気がさし、三井物産を退職することを考え始めました。

ところがちょうど、中曽根内閣の時でした。電電公社を民営化して、ＮＴＴにすることが決まりました。そこで、三井物産も新たに情報産業部門を創ることにしました。

そこで、私はカナダ三井物産社長（本社トロント）に「次の異動先は、情報産業部門にして欲しい」と電話で直訴しました。もし、ノーと言われたら、三井物産を退職する覚悟でいました。

　すると同社長から、「今、鉄鋼部門では鉄鋼メーカーとの企業間情報システムの構築で多忙のようだ。そこで2~3年仕事をしてからなら異動しても良い」との回答をもらいました。

　カナダから帰国したのが1984年5月でした。鉄鋼総括部システム統括グループに2年半在籍後、1986年11月末に情報産業開発部に異動となりました。

　異動後の最大の仕事は、テレマーケティングの新会社「もしもしホットライン」の創業でした。「もしもしホットライン」の創業に際しては、事業計画の策定と、それに基づく稟議書の作成、許可業務に忙殺されました。稟議許可が下りるめどが立ってからは、出資金集めから組織作り、給与体系、事務所探しを一人でやっていました。

　そして、1987年6月に出向してからは、営業担当の役員として受注第1号を決めたのを始め、「もしもしホットライン」が上場できる経営基盤を作り上げた後、出身部である情報通信事業部の新規事業責任者として戻りました。

「もしもしホットライン」創業10年後の１９９７年5月に、25年勤務した三井物産を早期退職しました。

## 《4》本当の自分に忠実に生きる

三井物産を早期退職した理由は7つほどありますが、その1つに過酷なノルマがありました。ノルマノルマに追われ、自分自身を見失っていることに気づきました。本当の自分に忠実でない自分も発見しました。

本当の自分とは一言で言えば「魂の純粋性」です。この「魂の純粋性」を傷つけていることに気づきました。

ラッキーなことに、当時我々団塊の世代は大量採用のあおりで、管理職が過剰の時代でした。そこで、早期優遇退職制度が発表され、その制度に乗っかることにしました。しかし、当時はまだ早期退職する仲間はほとんどいなくて、私を含めごく少数派でした。

三井物産退職後の現在の私のミッションは、「生涯現役社会の仕組みを創る」ことです。

私は団塊の世代ですが、２０２５年には、全員75歳以上の後期高齢者となります。いわゆる２０２５年問題です。

超高齢者社会の日本の社会保障制度は、破綻の道を突き進んでいます。政府も一応対策は打っています。しかし、政財官界の利権構造と省益の壁により、思うように進んでいません。

従って、生涯現役人生を生きながら、生涯現役社会の仕組みを創っていくことが私のミッションだと考えています。その為に、様々な仕事を進めています。

詳しくは拙著『生涯現役社会が日本を救う！』（令和元年7月出版）をご参照願います。

私の生き抜いてきた社会人人生を簡単に書きました。私の人生はミッションを掲げ、その時代と環境の変化に応じて適宜変えてきましたが、基本は「何のために仕事をするのか」です。

そして、約50年のビジネスパーソン人生を振り返って、改めて全力投球で駆け抜け、悔いのない人生だったといえます。

## 《5》2つのCHANGE

ＣＨＡＮＧＥには２つのＣＨＡＮＧＥがあります。

### ①1つ目のCHANGE

人生の途上で様々なＣＨＡＮＣＥが訪れます。そのＣＨＡＮＣＥが訪れたら、トライすることです。ＣＨＡＮＣＥという単語の２番目のＣに、トライ（Ｔ）を付け加えるとＣＨＡＮＧＥという単語になります。つまり、変化です。その結果、自分自身をＣＨＡＮＧＥすることができます。自己成長していきます。これが仕事力アップの源泉となります。

### ②2つ目のCHANGE

自分を変えることによって運命が開け、様々なチャンスが訪れてきます。そのチャンスにTRYし、自分を変えてきました。自己変革、つまり2つ目のCHANGEです。その結果、自己成長してきました。

私は三井物産在職中、「世界を股にかけるビジネスマンになりたい！」という夢を抱き、その為に英語の勉強をして、社内の英語資格を人より早く取得しました。

その結果、石炭部の若手にとって憧れの海外研修員制度に、他の物産マンより早く行くことができました。つまり、自らを変える（CHANGE）ことで、運命を開拓してきました。

## 《6》CHALLENGE

私は、カナダ三井物産在職中に、鉄鋼部門から新設の情報産業部門への異動を申請しました。三井物産で部門異動することは社内転職と同じで、リスクが伴います。

しかし、私はそれを覚悟で情報産業部門に異動を希望しました。

情報産業部門に異動して直ぐに、テレマーケティングの新会社「もしもしホットライン」設立のプロジェクトリーダーの大役を仰せつかりました。

この仕事で私は大きな「学び（ｌｅａｒｎ）」を得て「リーダーシップ（ｌｅａｄｅｒｓｈｉｐ）」の重要性を経験しました。この仕事を成功させるには、「情熱（ｅｎｔｈｕｓｉａｓｍ）」が不可欠でした。この頭文字「Ｌ」「Ｌ」「Ｅ」をＣＨＡＮＧＥに挿入するとＣＨＡＬＬＥＮＧＥという言葉になります。

私の50年のビジネスパーソン人生を振り返ると、まさにＣＨＡＬＬＥＮＧＥの連続でした。当然失敗もしました。しかし、失敗を肥やしにしながら、自己成長してきました。

その意味で、現在の私の仕事力は三井物産入社時と比べ、１００倍を遙かに超えています。

いろいろなことにＣＨＡＬＬＥＮＧＥすることで、仕事力が伸びてきたといえます。だから若い人には失敗を恐れず、いろいろなことにＣＨＡＬＬＥＮＧＥして欲しいと思います。今年72歳になる私が未だにＣＨＡＬＬＥＮＧＥ精神を失っていないのですから、若い人には自分の将来のために、是非ＣＨＡＬＬＥＮＧＥ精神を持ちながら、ビジネス人生を送って欲しいと思います。

そして、「何のために仕事をするのか」ということを肝に銘じておくこと。ここを明確にして人生を生きていかないとあっという間に歳をとってしまいます。「人生老い易く、学成り難し」という格言がありますが、その通りです。

Coffee Break

## ―もしもしホットライン社名の由来―

テレマーケティングの新会社設立の稟議書では、当初社名は「日本テレマーケティング（仮称）」でした。ところが途中から私の上司が「もしもし」に書き換えてしまいました。私は猛反対でしたが、上司から「この社名が嫌ならおまえは新会社に連れて行かない」と言われ、同意せざるを得ませんでした。ところが、別の部下から「『もしもし』は8画で縁起が悪い。23画が縁起が良い」との提案がありました。そこで皆からいろいろな社名が出されました。その中で私のアシスタントのKさんから、「『もしもしホットライン』なら23画で縁起が良い」との提案があり、一発で決まりました。

次に会社のロゴですが、業者にロゴの作成を依頼しました。いくつか案が出てきました。その中で、私の上司はラブ&ピースのようなロゴが気に入り、それが良いと主張しました。そこで私は、「『もしもし』ならカメ、カメは歩みはのろいが最後は勝つ。だからカメのマークにしましょう」と提案し、周りの同意を取り付けました。この亀のマークのバッジは今でも大切に保管しています。

# 2 仕事力をアップする基本的資質、考え方、とらえ方

## 《1》どういう人生を歩みたいか

### ①自問自答してみる

私の事例を基に「何のために仕事をするのか」をまず自問自答してみてください。その結果「どういう人生を歩みたいか」が見えてきます。ここを明確にすることで、あなたの仕事力は大きく変わっていきます。

### ②人生80年時代は電車の時代

人生80年時代の20世紀は、電車の時代でした。始発駅に乗ると、必ず終点がありました。

終身雇用制の時代では、大学を卒業して、企業に就職すると定年まで勤めました。つまり終点です。終点に着くと下車します。つまり定年です。退職金をもらって、これに年金をプラスして老後の生活をエンジョイできました。良い大学を出て、一流企業に勤めると幸福な時代でした。一所懸命働けば、自分の将来のことを特に考えなくても良い時代でした。

## ③人生１００年時代は、車の時代

しかし、21世紀は人生１００年時代です。終身雇用制度とそれに基づく年功序列賃金の時代は終わりました。

つまり、車の時代です。出発点はありますが、終点はありません。自分で終点を決めます。

令和元年に金融庁は、平均、年金２０００万円の赤字と発表しました。ただし、持ち家が前提です。これで国民は将来に対する不安が一気に高まりました。

したがって、大半の人は、終点はあの世に行くときと思った方が良さそうです。これが私が提唱する生涯現役社会です。

「どういう人生を歩みたいか」と自分で人生計画を立て、それに従って生きていく時代となりました。これをやらないと大半の人は、最期の10年前後は寝たきり痴呆老人となります。「自分だけは大丈夫」と思っている人こそ危ないのです。

私は団塊の世代ですが、団塊の世代の親で現在生きている人の大半は寝たきり痴呆老人です。それを見ているはずなのに、どういうわけか「自分だけは大丈夫」と思っている脳天気な人が多いようです。

## ④人生のPDCAサイクルを回す

前著『あなたの営業力、伝える力10倍アップの極意』の中で、PDCAサイクルを回すと述べました。

PDCAサイクルとは、Plan↓Do↓Check↓Actionの略です。

今期の営業計画を立て（Plan）、それに従って行動し（Do）、チェック（Check）し、見直していく（Action）作業です。

私の人生の概略を序論で述べましたが、まさにPDCAサイクルを回していたことになります。

皆さんも是非「どういう人生を歩みたいか」という人生計画を立ててみてください。そしてＰＤＣＡサイクルを回していくと、あなたの人生はより充実したモノとなり、最期棺桶に入るときに、「良い人生だった！」と心から言えるようになります。

## 《２》自分を変えることにより運命が開ける

私の人生を振り返ると、運が良い人生だったと思います。しかし、運命はただ手をこまねいているだけでは切り開けません。

人生には様々なＣＨＡＮＣＥが訪れます。そのＣＨＡＮＣＥにトライすることで変化が起きます。ＣＨＡＮＣＥという単語にＴＲＹのＴを加えると、ＣＨＡＮＧＥ（変化）となります。その結果、自らを自己変革できます。そして自己成長できます。そのとき、喜びと幸福感を味わいます。

「ＣＨＡＮＣＥの女神には前髪しかない」とよく言われます。ＣＨＡＮＣＥの女神が通り過ぎて行った後では遅いということです。失敗を恐れて何もしない人が中にはいますが、私の失敗の定義は、失敗を恐れて何もやらないことです。私は、失敗は次の成功への肥やしだと思っています。これまで数多くのチャレンジをしてきました。当然失敗も数多くしました。しかし、失敗から多くのことを学び、現在の自分があると思っています。

## 《3》その人の能力は、経験、キャリア＋アルファ（思いと行い）

これまで私は多くの人の履歴書を見てきました。人の能力の7割は過去の経験、キャリアで決まります。

しかし、面接時にはその人のプラスアルファの部分を見ます。どういう思いで仕事に取り組んできて、その結果どういう成果を出したのか。また、仕事力をアップさせるために社外の研修を受けたり、自己啓発セミナーに参加したりしているのかも見ます。その人の思いと行いがキャリア以外の所に表れます。そこを見るようにしています。

また、その人の現在の精神的態度、今後の人生をどのように取り組んで行きたいのか、そこが採用するときのポイントとなります。

## 《4》凡時徹底が全ての基礎

私の日課は、毎朝30分程度お祈りをした後、13階の我が家から階段を降りて、マンションの庭を散策し、18階まで1段おきに階段を上り、13階の我が家まで降りてきます。

その後、録画済みのＴＶ番組を見ながら一時間強、真向法を中心としたストレッチとブルワーカーで筋トレを実施します。

それから、朝食をとります。この単純な繰り返しですが、毎日快適な1日を過ごすことができます。

毎日当たり前のコトを習慣化して、行う。この繰り返しにより、基礎力が付き、次の大きな仕事ができるようになります。

# 第2章

# 仕事力をアップする原理原則

# 1 仕事力アップの法則

## 《1》小さな経験をできるだけたくさん積んで、習慣化する

### ①嫌と思っていた仕事でも後々役に立つ

私たちの周りにはいろいろな出来事があります。片付けなければならないことが山ほどあります。多くは面倒から手をつけません。しかし、仕事だから面倒だけどやるわけです。

一橋大学では商学部でした。従って、簿記の講座も受講しました。しかし、面倒だったのでほとんど覚えていません。しかし、三井物産で経理担当となり、簿記の知識を始め、経理業務を仕事だからこなしました。それが身につき、現在経営コンサルタントとして企業の決算書類を分析することができます。入社後3年間の経理業務の経験が今でも役立っています。

## ②仕事ができない人のパターン

社会人になって人は様々な経験をしていきます。新入社員の頃にどのような社会人を生きていきたいかによって、その後の仕事力に大きな差がついてきます。

仕事ができない人の特徴の１つは、仕事に集中できないことです。１つの仕事をきちんとやり遂げずに、途中から次の仕事に取りかかったりします。仕事の緊急度の問題から、これは時には必要なことです。

しかし、現在取りかかっている仕事を時間が経ってから再開すると、その仕事の内容を再度見直したりすることとなり、時間の無駄となります。仕事の効率が落ちます。

任せた仕事をまだやっていないことが分かると、当然叱責の対象となります。上司からは信頼を失い、評価は下がっていきます。

人生の途上で様々な経験を積むことによって仕事力は伸びていきます。また、どのような上司につくかによっても変わってきます。

もし、あなたの上司が非常に厳しい上司で、あなたの仕事について厳しく指導してくるタイプの上司のとき、あなたはどのように受け止めるでしょうか。

それを愛の鞭として捉えるか、それともまたうるさいことを言っていると反感を持ち、不平不満を持ちながら仕事をしているのでは、その後の仕事力に差がついてきます。

通常上司はあなたより年齢も経験も豊富です。従って、あなたより一段高い位置、広い視点で仕事を見て、部下を指導します。その時点ではそのことが分からなくても、時間の経過と共にそのことに気付き、その当時の上司に感謝の念が湧いてきます。

5年、10年のスパンで見たとき、あなたの仕事力は確実に上がっていることを認識します。もし、そうでない場合には、あなたの仕事のやり方に何か問題があるはずです。

そして、それは当然給料に影響してきます。

もしあなたが現在の給与や待遇に不満を持っているなら、一度他社で就職の面接をしてみると良いです。

別に転職を奨めているわけではありませんが、あなたの給与や待遇が改善される見込みなら、それは現在の会社であなたの実力を過小評価していることになります。

もし、そうでないなら、やはりあなたの仕事の仕方に何か問題があるといえます。そこから反省し、発憤して仕事力のアップに繋げていったら良いと思います。そうすれば自ずと給与や待遇は改善されていきます。

経営コンサルタントを長年やっていると、その人の実力と待遇は、１時間ほど会って話をすれば、どの程度にすべきかおおよそ見当がつきます。

## 《2》中の経験をすると1階分実力がアップした感じがする

長い人生の間にいろんな経験をします。仕事力がアップするというのは小さな経験の積み重ねです。ですからできるだけたくさんの経験を積んで、これを習慣化していくことが肝要といえます。この習慣化はこの後の１つの重要なキーワードなので、具体的に述べたいと思います。

大企業では定期的に人事異動があります。新しい職場で新しいことを覚えることでより広い知識を身につけることができます。

それから、いろんな仕事をやっている中で、中の経験、中ぐらいの経験をすると階段をちょうど1階分上っていくように実力アップした感じがします。例えば大企業の場合だったら、人事異動によって職場が変わる。これによって実力が1階分アップしていきます。

私の場合、三井物産在籍中25年間で10の職場を経験し、異動のたびに新たな経験を積み、仕事力をアップさせていきました。

―　入社以来17年間同じ職場だった同期生のK君　―

三井物産の同期入社で、鉄鋼部門の国内営業で形鋼の担当だったK君は、同じ職場に17年間も在籍していました。文字通り「余人をもって代え難し」という人材になったと思います。しかし、17年間も同じ職場にいると業界の慣習に染まり、他の部署では通用しづらい人材になってしまいます。

一方私の場合、３年毎に人事異動していたので、「余人をもって代え難し」とはいえませんでした。しかしその結果、業界の習慣に染まらず、どの部署にも通用する人材になれたと思います。私にとっては、理想的な人事異動といえたでしょう。また、三井物産では毎年末の人事調査表に異動希望欄がありました。私の場合、入社時の経理を除き、全て希望通りの異動となりました。その点、三井物産には感謝しています。


中小企業に勤務のビジネスパーソンの場合、大企業では得られない専門知識を身につけ、スペシャリストの道を歩んで行くことがお奨めです。もし、自分が勤務している中小企業でキャリアアップが望めない場合、転職によってキャリアアップを図ることが肝要です。これは米国流の考え方ですね。

日本では終身雇用制度と言われていましたが、それは大企業の話であって、中小企業では終身雇用制度はなく、転職によるキャリアアップが基本です。この基本姿勢をしっかりと持っておかないと、単に便利屋で使われ報酬もそれほど伸びません。

## 《3》大きな経験をするとエレベーターで一気に最上階まで行った感覚を持つ

大きな経験をするとエレベーターで上る感覚です。特に重要な仕事を任されると、実力が一気にアップします。エレベーターで最上階まで行った感覚となります。

私の場合には3つあります。

### ①カナダ三井物産に石炭部代表として駐在

1つは、新規探鉱開発の為にカナダ三井物産カルガリー店に3年半駐在したことです。カナダのマナルタ社と日本の鉄鋼会社が6対4の比率で200億円出資し、三井物産も参加しました。年間200万トンの石炭を15年間日本の製鉄会社に輸出するビジネスです。カナディアンロッキーから石炭を採掘する壮大なプロジェクトで、貴重な経験となりました。

30代前半で、カナダ三井物産の石炭の代表として任され、かなり責任が重いわけです。その重責を果たしたことは、大きな自信になりました。また、国際感覚を身につけることができました。ビジネスで英会話ができるようになったのもこの時期です。

## ②テレマーケティングの新会社「もしもしホットライン」設立

同社は、１９８７年６月23日設立です。それまでの半年間、私は新電電の営業をする傍ら、毎日深夜までその設立に全力投球していました。毎日タクシーで帰宅しましたが、体がぼろぼろになるまで全力投球しました。通信の自由化が訪れるその前に設立し、その波に乗ろうという方針でがんばりました。

稟議書を何度も書き直し、一時は稟議が不許可となりそうになりました。しかし、上司（もしもしホットライン初代社長）が当時の三井物産社長を説得し、上司が初代社長になる条件で稟議許可となりました。私は出資金集めに奔走し、就業規則、給与体系、組織作り、新事務所探し等全て一人でこなしました。

会社設立直後は、オフィス家具や什器備品の調達、従業員の募集、営業活動を一人でこなしました。また、営業担当の役員として出向し、４年近く在籍しました。

会社の経営基盤が確立して、単年度黒字になったところで、本社情報産業本部通信事業部の新規事業責任者として戻りました。

「もしもしホットライン」在籍中に、従業員持ち株制度も作りました。しかし、本社からの出向者は対象外という条件付きで許可となったため、持ち株は持てませんでした。しかし、この創業経験は、金銭にはなかなか変えられないもので、億単位の価値があると思っています。あれから30年以上経っていますが、その時の経験が今でも生きており、現在の中小・ベンチャー企業経営コンサルタントにも活かされています。また、「もしもしホットライン」創業の10年後には三井物産を早期退職しましたが、同社の創業経験が1つのきっかけとなっています。

「もしもしホットライン」創業以前は、鉄鋼部門の営業でした。新会社創りの経験が全くない私をよく上司は抜擢し、プロジェクトリーダーに任命した思いますが、その上司には今でも感謝しています。

## ③世界最小の総合商社(有)マーキュリー物産の創業と社長業

１９９７年５月に三井物産を早期退職して、暫くは個人事業主としてビジネス活動をしていました。しかし、5年後の2002年1月に世界最小の総合商社（有）マーキュリー物産を資本金1000万円で設立しました。そして3つの事業部を立ち上げました。

・情報通信事業部　NTTのBフレッツ営業
・環境事業部　「家庭用生ごみ処理機」の販売
・耐震防災事業部　耐震防災器具の施工販売

3事業部には部長を任命し、最大15名で事業を推進していました。

最初は順調に推移したのですが、NTTのBフレッツ営業で躓きました。NTTからは当初、現場調査後、光ファイバーの設置工事をして、3～4ヶ月で入金すると説明を受けました。しかし、半年後に、分譲マンションから30世帯未満のオーナーマンションに対象が広がり、市場が一気に拡大しました。NTTの工事部隊がこれに対応できず、工事は大幅に遅延しました。1年以上

●仕事力アップの階梯

遅延するモノもざらにありました。

その結果、（有）マーキュリー物産の資金繰りは悪化し、持ちこたえられなくなってきたので、Bフレッツ営業から撤退しました。借金が3000万円近くになり、これ以上の借金は会社が倒産の危機になる恐れが出てきたので、全員解雇、事務所閉鎖という荒療治をして倒産危機を逃れました。借金は半年のリスケ後、7年で全額弁済しました。この全額弁済という経験が、現在の中小・ベンチャー企業経営コンサルタントとしての貴重な経験となっています。

## 自らの想いと行いによって仕事力をアップさせて

仕事力アップ

**三井物産早期退職、**
**世界最小の総合商社として起業、**
**中小・ベンチャー企業経営コンサルタント**

---

**東京通信ネットワーク(株)に出向**
(東京電力、三菱商事、日産自動車他の出資)
大口需要家向け新規電話営業(3年3ヶ月):東電が最大の株主のため、お役所体質。もしもしホットラインとは正反対の企業体質。最大の株主が誰かによって企業体質が大きく異なることを身をもって経験。

---

**情報産業部門情報通信事業部で**
**新規事業の責任者[3年]**
(現在のベンチャー企業への投資業務に役立つ)

---

**テレマーケティングの新会社**
**もしもしホットライン設立業務[半年]+**
**同社に営業担当役員として出向[3年9ヶ月]**
同社の単年度黒字化による経営基盤の強化。新会社設立経験、マネジメント経験、新規販路開拓経験、三井物産在職25年間で自分の適性が発揮でき、一番力が付いた時期。現在の、(有)マーキュリー物産創業のヒント+中小・ベンチャー企業経営コンサルタントとしての能力と経験を学ぶ

---

**鉄鋼部門システムコーディネーター[2年半]**
(IT能力が身につく)

---

**北米研修員[3ヶ月]、カナダ駐在[3年半]**
(新規探鉱開発、世界を股にかけるビジネスマンの夢が叶う)
**石炭営業[6年]**
(輸入営業2年半、長期的な視野で事業を捉える)

---

**鉄鋼建材部国内営業[3年]**
(営業マンとしての基礎能力)

---

**開発会計課[3年]経理業務の基礎**
現在経営コンサルタントとして、企業の決算書類から会社の現状把握が可能

# 2 コミュニケーション力アップで仕事の能率を上げる

## 《1》コミュニケーション力をアップする

### ①十人十色、百人百様のコミュニケーション

コミュニケーションの重要性は、全ての能力の基礎となります。私も毎日多数の人と会話を交わします。十人十色、百人百様なので、いつも相手の性格、自分との関係、キャリア、モチベーションの度合い等を考慮しながら接しています。それでも完璧なコミュニケーションが取れるわけではありません。

つまり、コミュニケーション力に終わりはないので毎回勉強となります。もし、相手との会話の後にしっくりいかないことがあれば、それを反省し、次はそれを直そうと修正をかけます。

日々学びです。

昨年10月に発売した『あなたのコミュニケーション力10倍アップの極意』は、私も教材テキストとして活用しています。その結果、私のコミュニケーション力はさらにアップしています。

さて、今回は仕事力という切り口で、このコミュニケーションの重要性を解説します。

## ②結論から先に言う

三井物産に入社したとき「結論から先に言え」と教育されました。以来肝に銘じていることは、「結論から先に言う」ことです。ビジネスの場において、普段接している人に対しては結論から先に言えば良いのです。わからないことがあったら、そこでわからないことを質問すればよいわけです。社会人になって50年近く経ちますが、この「結論から先に言う」という習慣が頭に染みこんでいます。

ところがこれができない人が結構多いのです。なかなか要領を得ないのです。起承転結でいつ、どこで、何が、どうしたっていうことをずっと話し出します。

これだともう時間が本当にいくらあっても足りません。

当の本人は、起承転結をきちんと説明すれば、相手に伝わると思っているのですが、逆に伝わりません。コミュニケーションというのは、相手が理解しなければ意味がありません。

相手の説明の最中に、分からない点があれば聞きます。ここでコミュニケーションが成立し、相手を理解できるようになります。

## ③多弁は逆効果

起承転結で説明したがる人はどうしても多弁になりがちです。人は相手の話すことの全てを理解しているわけではありません。

世界的ベストセラー書『7つの習慣』の第5の習慣に「理解してから理解される」があります。

まず、相手との関係や相手の状況や性格を理解しながら会話を進めます。私のようにいつも「結論から先に」と思っているビジネスマンに対しては、起承転結で長々と話すのは却っていらいらさせ、逆効果です。

## ④焦点を絞る

また、多弁の人は途中で話題が飛び、さらに相手をいらいらさせていきます。そのような相手には話の途中でカットインして、話を本題に戻すよう促します。結局、多弁の人は時間を浪費した割には相手に伝わらず、生産効率が非常に悪いといえます。

本書を読み、思い当たる人は是非自分の悪癖に気づき、是正するようにしてみてください。それだけであなたの生産性は飛躍的に向上していきます。

時間は誰にもある貴重な資源であり、２度と取り戻せません。最大の時間の浪費は仕事の中にあると言われています。

あなたの職場の周りで暇な人を見てください。時間をもてあましているので、どうしても話しが冗長となります。逆に仕事面で冗長だから閑職に追いやられているといえます。

また、誰にでも定年退職があります。定年退職すると時間があり余るほど出てきます。無目的に一日をだらだらと送る高齢者も多数いると聞きます。

忙しい人ほど時間の大切さを身にしみて理解しています。

## 《2》相手のニーズに耳を傾ける

### ①相手のニーズに耳を傾ける

相手がいったい何を言おうとしてるのかをしっかりと聴くことがポイントになってきます。相手のニーズを聴き出す際のポイントとして、それが本音なのか建前なのか、要は心を開いているのか開いていないのかも重要です。相手と自分の二人だけなら疑問に思ったこと、不明な点を聴くようにします。

ところが会議の席上で複数人いるとき、なかなか本音を言わないこともあります。その場合には、別途個別に聴いて、不明な点を確かめることも大切です。

コミュニケーションは双方向です。相手が何を言っているかを先に理解し、そして、相手の言っていることを理解しながら自分の言っていることを相手に伝えるということがポイントです。お互いに理解することがコミュニケーションですが、これがなかなか分かっていない人も多いのです。仕事力の基礎中の基礎です。

『7つの習慣』の5番目の「理解してから理解される」をいつも肝に銘じ、

それが習慣化したときに、あなたのコミュニケーション力はアップしていきます。そして、仕事の生産性もアップしていくことになります。

## ②気づくことの大切さ

自分の部下や周りの人の性格や能力を考慮しながら進めることも、自分の仕事力アップにつながります。

その際、相手が自分のミス、段取りのまずさ等でトラブルが起こりそうなら、それに気づかせることも大切です。気づくことで、トラブルを未然に防ぐことができます。もし、気づかずにそのままやらせてしまった場合、そのトラブルがあなたに降りかかるかもしれません。そして、あなたの仕事時間を奪うことになるかもしれません。これも仕事力の１つといえます。

## ③一応…

三井物産に入社した頃に、上司に「一応」という言葉を使いました。すると、上司から「一応という言葉は、自分が自信のないときに使う。だから、一応を連発する人間は信用されない」と叱られました。それ以来私が「一応」という言葉を使うときは、曖昧なときに限定します。それ以外は、「一応」という言葉は使わないようにしています。これで発言内容にメリハリがつきます。

「一応」という言葉をいかに周りで多用しているか、気をつけて聞いてみてください。気づくと気になりだし、以後使わないようになります。

## ④仕事と愛

この言葉に違和感を覚えている読者もいるかもしれません。

愛という言葉の代わりに、気遣い、思いやり、そして、相手や周りの人の仕事がはかどるように考えることも愛だと思います。そのとき、相手のお役に立とうという思いが大切だと思います。

こう思って仕事を進めると、自然と人間関係も良くなり、コミュニケーションもスムーズにいきます。

その結果、自分の周り、部下の仕事の効率が上がり、それが巡り巡って自分にも返ってくることになります。

## ⑤奪う愛、与える愛

こういう切り口で職場の仕事を考えると仕事に対する認識が変わってきます。

先日、経営コンサルタント先の職場で、若い男性担当者と派遣社員（中年女性）が口論していました。お互いに言い方が気にくわないと言っています。これなどは「奪う愛」の典型です。つまり、お互いに口論することで、その間仕事は中断し、仕事の生産性は落ちているわけです。会社は仕事をする場です。お互いの感情をぶつける場ではありません。そして、会社に損害を与えることになります。

それでは「与える愛」とは何でしょうか。それは相手に対する気遣いです。私は、この若い男性にも中年女性にも笑顔で接しています。そして、時々さりげなく声をかけ、職場を明るくするように努めています。また、社長秘書の女性がお茶を出してくれたときには、必ず「ありがとうございます」とお礼を言います。夕方若い社員が私のゴミ箱の中のゴミを収集に来てくれます。そのときにも同様に「ありがとう」と感謝の言葉を発します。

一方、仕事を頼むときには、段取りや手順を正確に説明することが重要です。

これをきちんとやらないと相手の時間を浪費したことになり、頼んだ仕事も満足のいかない結果となり、自分に跳ね返ってきます。

先日、社長秘書が大量の契約文書を社長から指示されていました。私は、マイクロソフトのウィンドウズＩＭＥの単語登録をすると文章作成のスピードが5〜10倍になる旨話をしました。その女性は60代ということもあり、新しいことをするのに抵抗があるようでした。あまり強く勧めても善意の押し売りになるので、彼女の様子を見ていたところ、ＩＭＥの単語登録の仕方を教えて欲しい旨頼んできたので教えました。彼女は変換スピードが俄然違ってきたので喜んでいました。

この辺のさじ加減も、善意の押しつけをすると「奪う愛」になります。一方、相手の希望があり丁寧に対応すれば、相手にも喜ばれ「与える愛」となります。

## ⑥有用な人間となる

仕事を行っていく中で重要なことは、あなたの能力があなたの組織、会社に役に立っているかどうかです。役に立っているとき、あなたは「有用」な人間だと思われます。ところが、有能な人ほど自分の能力におぼれる嫌いがあります。自分の能力にプライドを持っています。

大企業出身者が中小企業に来て、自分の能力の方が勝っていると思うことがよくあります。そのとき気をつけなければいけないことは、上から目線になっていないかどうかです。もし、上から目線になっていると感じたら、たとえあなたがそう思っていなくても、あなたの言動に問題があるので反省を要します。

また、意見を主張するとき、優秀な人ほど自分の意見を通したがります。そのとき重要なのは、まず私心がないこと。その意見が保身のためや、どこかの利益の代弁でなく、本当にその職場、会社のためであるかどうかということです。

次に、その意見が職場や会社の状況に合っているかどうかです。その状況如何では、あなたの意見が必ずしも正しいとは限らないことも多いのです。

ここを間違えると、あなたは会社の役に立つ「有用な人間」ではなく、自己主張が強く鼻持ちならない「有能な人」になってしまいます。

仕事力を発揮するとは、結局はあなたの能力が、職場のニーズに合い、役に立っているかどうか、この1点にかかっているといっても過言ではありません。

## ⑦無用の用

無用の用とは、一見役に立ちそうに思えなくても、将来の自分に役立つことをいいます。

三井物産に就職が内定したときに、配置希望先として「営業」と記載しました。入社時の配属先が営業会計と分かり、がっかりしました。

しかし、そこでくさらず、いずれ営業に移動できるものと思い、会計業務をしっかりとこなしました。人事管理責任者からは「将来は経理部門で活躍してもらえないか。その為に、経理研修生として出したい」と言われるくらいになりました。もちろん初志貫徹なので、経理研修生の話はお断りしました。

その後、50年近くの歳月が経ちました。今、中小・ベンチャー企業の経営コンサルタントの仕事をしていますが、3年間の経理経験があるので、企業の決算報告書を見れば、その企業の経営状態を把握することができます。どこに問題があり、具体的な解決策まで提案できるようになりました。まさにこの例など、無用の用の典型です。

それ以外でも、高校生のときに、化学の授業で有機化学を勉強しました。それが今仕事で役に立っています。

学校の時に学んだことが将来役に立つのかと思う学生もいることと思います。特に数学など、難しい方程式なんて実社会で全然役に立たないと思われがちです。しかし、方程式そのものが役に立つということではなく、数学的思考方法により、脳が鍛えられ、数学的な考え方も自然とできるようになります。

因みに私の場合、数学が得意だったので、今でも役に立っています。人より計算が早くできます。

例えば、５０１×４９９という計算なら、頭の中でさっと中学の時に習った計算式、（ａ＋１）×（ａ－１）＝$a^2$－１が瞬時に出てきて、２４９，９９９という答が出ます。

１から10までの合計なら、ａ×（ａ＋１）／２を思い出し、10×11／２＝55という答が瞬時に出てきます。

これなども無用の用といえます。

Coffee Break

## ― 私の性格を変えた一言 ―

1984年1月にカナダから一時帰国しました。当時、現地に3年駐在すると、一時帰国する制度がありました。その場合、駐在期間は最低1年以上というのが条件となっています。当然1年以上は現地駐在と思い、そのような生活設計を立てていました。

しかし、第2次オイルショックの影響で、日本の鉄鋼業界の粗鋼生産量が1億トンを切り、不況に突入しました。そこで、カナダ三井物産の石炭部員の人員縮小となりました。一番古かった私が減員の対象となり、私の早期帰国は決まっていたようです。

私は1984年5月1日に帰国し、古巣の石炭部に戻ることになりました。そのとき、T氏から「そのような情勢を読めなかったおまえの頭は固い」と揶揄されました。

以来、人事も含め物事を深く、柔軟に考えるようになりました。今ではそのT氏より遙かに柔軟になったと思います。

## 《3》信頼関係を構築する

拙著『あなたの人脈力10倍アップの極意』、『あなたのコミュニケーション力10倍アップの極意』、『あなたの営業力、伝える力10倍アップの極意』でも再三出てくる重要な概念です。

信頼関係の構築は、仕事力でも同じ事です。

### ①信頼関係の有無により仕事のスピードは大きく影響する

例えばあなたの下に新入社員がいます。新入社員にいきなり「はい、これ頼むよ」って全て任せられないですよね。それは新入社員が仕事を覚えていって、上司であるあなたは、どの程度理解してできるのかを見て、任せていくわけですよね。

ですから、最初は手取り足取り、非常に手間暇かけて教育して、時間がかかりました。しかし、だんだんできるようになってきたら、もう一言言って任せれば良いようになるわけです。

その間、新入社員との間に信頼関係の構築がなされ、仕事のスピードって速くなっていきます。

逆の立場であなたが上司から指示を受ける場合も、例えばあなたが上司から受けた指示にすぐ一を聞いて十を知るぐらいできれば、これはもう上司からも非常に信頼される関係を作ったことになります。上司からいちいち細かい指示を受けている間は、まだ信頼関係がないってことです。

### ②誠実さは良い仕事をする

どんな仕事でも、大きな仕事でも小さな仕事でも重要な仕事でもそうでない仕事でも、ちゃんとしっかりと誠実さを持ってやっていく。これによって信頼関係は作られるわけです。

### ③絶えず感謝の気持ちを持つ

これも大事です。この感謝の気持ちを持つことによって、人間関係が良くなります。当然、信頼関係も築けます。

例えば、上司から指示されたことを嫌々やっていれば、当然その嫌々は態度に出ます。逆に、上司や周りの人達は気を遣いますよね。中には、腫れ物に触るようなそんな人も時々います。こうなってたら、もうその人はだんだんその組織から浮いてくることになります。つまり、必要以上の気遣いをさせている間は信頼関係の構築はできていないことになります。

## ④３ＫＳ（サンクス）で信頼関係を構築する

私の書籍にはいつも３ＫＳ（サンクス）という私の造語が出てきます。３ＫＳとは、３つのＫ（感謝の心、謙虚な心、寛大な心）＋Ｓ（素直さ）を足したものです。

今回は仕事力という切り口で説明します。

一番目のＫは、前述の感謝の心。職場の仕事は、いくらあなたが優秀なビジネスパーソンであったとしても、あなただけで成り立っているわけではありません。あなたにも新人時代がありました。あなたを１日も早く戦力化するために上司が一所懸命教育してくれたはずです。会社から見れば、あなたに支払った給料は払いすぎです。そうやっていつしかあなたは会社の戦力となり、いつしか給料分以上の仕事をするようになるわけです。ですからまずそのことに感謝すべきです。

2番目のK、謙虚な心。あなたは成長するに従い、給料分以上に成果を上げることになります。そのときの落とし穴が「自分はこれだけ会社に貢献している」と天狗になることです。天狗になると転落が始まります。天狗になるとあなたの周りの人はあなたを煙たがります。それを防ぐのが、いつも会社及び職場の周りの人に感謝の心を持つことです。

3番目のK、寛大な心です。会社には年齢、性別、性格、価値観等様々な人が働いています。あなたと異なる意見に耳をかたむける寛大な心を持つことが肝要です。特に、歳をとるにつれ、若い人とのカルチャーギャップを感じるようになります。それを「今どきの若い者は」と嘆いたり、さげすむより、若い人の考え方を受け入れようとする寛大な心が必要といえます。

最後のS、素直さ。新人時代は素直だったあなたも、社会経験を積むに従いだんだん素直さが欠けてきます。しかし、世の中は絶えず変化しています。その変化を受け入れるためにも、素直な気持ちで学ぼうとする姿勢が大切です。特に若い人は、年配の人よりＩＴリテラシーが高いはずです。若い人から素直に学ぶことによって、あなたは成長できます。素直さがなくなったら成長が止まります。

３ＫＳの読み方はサンクスです。つまり感謝です。感謝の心をいつも持つことによってあなたの人間力はアップしていき、周りとの信頼関係が構築されていきます。

## ⑤誠実さは良い仕事をする

新しい取引先と仕事をするときに、私自身一番に心することは、「信頼関係の構築」です。信頼関係構築の基本はやはり「誠実さ」だと思っています。

それでは「誠実さ」とは何でしょうか？

私の考える「誠実さ」とは、相手が期待していることを、迅速かつ正確に実行することです。

相手から依頼されたことを迅速に実行しないと、相手が期待していることがぼけてきます。当然、正確に実行できなくなってきます。

次にコミュニケーションを大切にしています。コミュニケーションをしっかりとることで相手との信頼関係を築いていきます。現在はコミュニケーションの手段が多様化しています。

通常の電話の他にファックス、携帯電話、メール、ＬＩＮＥ等があります。相手に一番伝わりやすいコミュニケーション手段を使ってコミュニケーションを円滑にします。

具体的にアポを取った場合、アポの再確認、アポを取った相手と自分との関係、現在どのような業務をしているのか、会社概要ではわかり得ないことを事前に説明しておきます。

また、アポを取った相手に対しプレゼンテーションをする際に留意すべき点、例えば相手の社長の性格、状況等も事前に伝えておきます。

会社も仕事も人も生き物です。絶えず状況は変化しています。

私の仕事の１つに、取引先との潤滑油、調整役が求められることも多々あります。その際に大切にしていることはやはり「誠実さ」につきると思います。

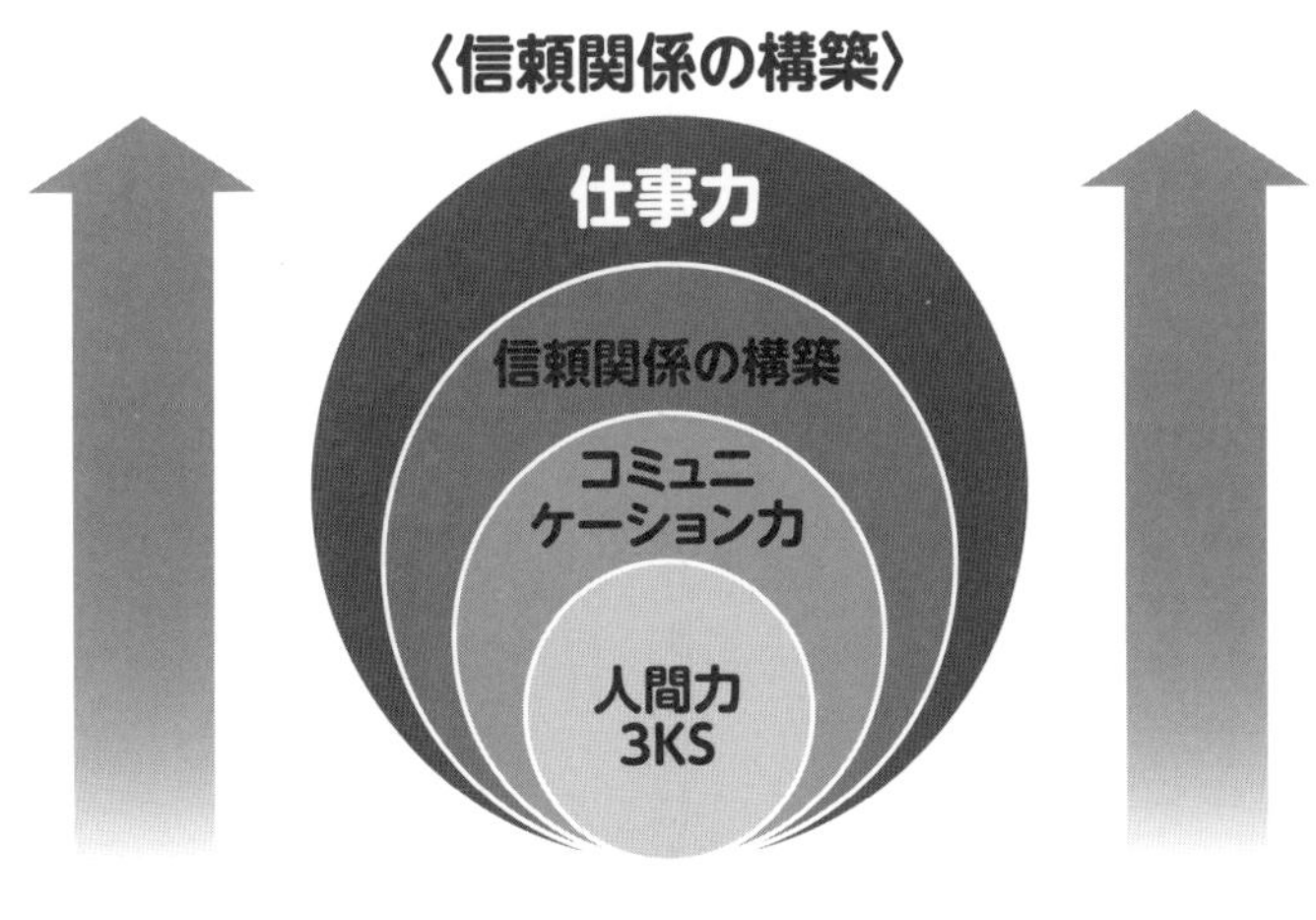


## 《4》「正しいプライドの発揮の仕方」

ヒトは大なり小なりプライドを持っています。しかし、得てしてつまらないところでプライドを持つことが多いようです。そして、お互いに誤解からプライドとプライドがぶつかって、人間関係をおかしくしてしまうことを数多く見てきました。

その人の能力、実力は、その人の経験に負うところが大です。従って、その人が経験以上の能力、実力を発揮できれば、自分のプライドが保てたと思えるし、そうでなければ自分のプライドに恥じることになります。

一方、私が最重要視するプライドとは、私自身に役割期待をされ、それなりの報酬をいただき、それに報いることができているということです。

逆に期待通り成果を出せなかった場合、なぜそのような結果になったのか、その原因分析をします。もし、私の役割期待とその企業とのニーズとがミスマッチの場合には、力不足を詫びて去るのみです。

こういう思いで仕事をしていると、「絶えず仕事力をアップしよう、自己鍛錬しよう」といつも自分を磨き続けることになります。

その結果、仕事力は自然とアップし、自己成長でき、その喜びを感じることができます。自己成長に年齢制限はありません。あるのは自分で限界を作ったときです。

# その他仕事力アップの秘訣

## 《1》知らないことを知る

### ①SIMカードの役割

お恥ずかしい話ですが、最近までSIMカードの役割を良く理解していませんでした。昨年3月にiPhone6SからiPhone7に機種変更した理由は、バッテリーが半日程度しか持たないという事情でした。しかし、iPhone7に切り替えても、多少改善が見られた程度でした。

もしiPhone7のバッテリーがなくなった場合、iPhone7のSIMカードを6Sに入れ替えれば、これまで通りに電話ができることに気づきました。その際、iPhone6Sにはそれまでの電話番号は残っているのでそのまま使えます。

この事実を知っていたら、私は2年前にバックアップ用に格安スマホを購入する必要はありませんでした。格安といっても毎月4千円程度徴収されるので、2年間で約10万円安心料として支払っていたことになります。

一方、最近は5G（第5世代）に向け大容量、高速の格安ＳＩＭへ切り替えるビジネスが脚光を浴びているようです。

そうなった場合、現在使っているポケットＷｉ－Ｆｉの代わりに、スマホがＷｉ－Ｆｉ機能を持つようになり、通信費の大幅削減につながります。

## ②固定回線の復活

私の住むマンションにはａｕの固定回線が入っており、入居者は無料でインターネット回線を使えることになっています。賃貸契約書を締結するときに、その説明を仲介業者がしなかったため、2年間気づきませんでした。

私はその事実に気づき、早速、固定回線に切り替えました。但し、固定電話は不要なので、インターネット回線だけにしています。こちらもケーブルを購入し、パソコンとつなぐだけで使えるようになりました。

## ③iPhoneのバックアップ

先日、iPhoneをうっかり落として、画面をひび割れさせてしまいました。幸い、保護フィルムを貼ってあったので、飛散せずに済みました。

その際、アップルストアからデータのバックアップを要求されました。私にとっては、バックアップと聞いただけで、面倒くさいというイメージが湧いてきます。

しかし、iPhoneの設定から、菅谷信雄→iCloud→バックアップすると、簡単にバックアップできることが分かりました。これを予備で持っているiPhone6Sでバックアップしてみると、最新の電話帳となっていました。もし、私がiPhone7を故障させても、SIMをiPhone6Sに入れ替えれば、iPhone7同様に使用できることが分かりました。これも安心材料につながります。

それから、毎日就寝前にiPhone7を充電します。するとスリープ機能になり、自動的にiCloudでバックアップされていることが分かりました。知らないことを知ることで、経費節約や安心材料につながります。

## 《メルマガ『マーキュリー通信』より
## ―知らないことでずっと損をしてきた！」―》

2年前にＪＲ東日本の大人の休日倶楽部に入会しました。入会資格は男性65歳以上、女性60歳以上です。これまでＪＲ東日本管内で往復２０１㎞以上の地域に出かけるときに利用していました。東京以西に出かけるときは、ＪＲ駅の窓口で聞いてもＮＧだったので、使っていませんでした。

ところが、再度東十条駅員に聞いてみると、ジパング倶楽部の手帳を提示すれば、みどりの窓口で購入でき、しかも3割引とのことです。明日から京都に出かけるので、早速みどりの窓口で購入しました。大人の休日倶楽部はＪＲ東日本の商品名、これに対しジパング倶楽部は、それ以外のＪＲ全てが適用されるとのことです。但し、会社が異なるので、ジパング倶楽部の手帳と顔写真付きの会員証をみどりの窓口で提示しないと買えません。

ＩＴ全盛の時代で、依然と国鉄時代のお役所体質を引きずっているようです。

私自身クレジットカード会社の詳細な説明は面倒なので基本的には見ません。今回のジパング倶楽部の手帳や説明書も面倒なので、見ないで放置していました。仕事なら面倒でも見るのですが、そんな私の欠点が露呈した出来事でした。

## 《2》中心概念をつかむ

新しい仕事に関わるときに、中心概念を把握するとより仕事を効率的かつ効果的に対応できます。

まず最初に、その仕事のビジネス・モデルは何かを把握します。その全体像をつかんだら自分の役割は何かを理解します。

例えば私は経営コンサルタントなので、自分の役割には経営参謀役として経営者に対しどのような貢献ができるのか。その経営者は何を期待しているのか。それは経営面でのアドバイスや資金繰りなのか。販路開拓なのか。経営者によって私に求める役割期待は様々です。それらの切り口からだんだん細部に入り、核心レベルまで入っていきます。この中心概念をつかまず、全部を把握しようとしてもなかなか理解が及びません。

この作業は一朝一夕にはできないですが、トライする内にだんだんと身についてきます。私も若い頃は仕事を覚えるのに必死でしたから。

### 《3》与信能力をアップする

与信に関しては、売買両方に関係しますが、販売先の受注活動に営業マンは熱心なのですが、売掛金の回収には意外と関心が低いのです。売掛金の回収（中小企業なら社長）は経理の仕事くらいに思っている営業マンもいるくらいです。経理の仕事は、あくまでも売掛金が期日通り入金しているかどうかのチェックであり、期日通りきちんと入金するかどうかは営業マンの仕事です。

買掛金の支払いに関しては、ルーズな企業も結構あります。支払いを忘れていて、平気な会社もあります。その場合、単にルーズなのか、資金繰りが厳しいせいなのかを見極めるのも営業マンの仕事であり、経営者の仕事でもあります。

さて、ＩＴ時代の今日、取引先を訪ねず、電話やメールで仕事をついついしてしまいがちです。しかし、どんなにＩＴが発達しようが、営業の基本は取引先の経営者も含めた、人間関係をベースとした信頼関係が全てです。取引先を訪問することで、その会社の最新の経営状況を把握することができます。

企業は生き物です。日々の営業活動を通じ、受注活動だけでなく、取引先の与信情報をしっかりと把握しておくのも優秀な営業マンです。

なお、与信の心配がない大手企業の場合、請求書の発行タイミング等をきちんとチェックしておくことです。これを怠ると、締め日に間に合わずに支払いが翌月回しにされることもあるので、金額が大きい場合、初回取引の場合には細心の注意が必要です。

## 《4》渋澤榮一式記憶力アップの法

渋澤榮一氏は一生の間に５００もの会社の設立に関与し、約６００の社会事業の団体、学校などの設立、運営に深く

関わり、文字通り明治から昭和にかけて実業界で№1の偉人といえます。我が母校一橋大学も渋澤榮一氏のおかげで設立の運びとなりました。又、我が三井物産の初代社長益田孝氏も渋澤榮一氏と仕事の上で深く関わっています。

ところで、渋澤榮一氏は、毎晩床に入ると、毎日できたことを寝床の中で思い出し、記憶に留めておいたそうです。これを毎日繰り返すことで記憶力が抜群だったそうです。渋澤榮一氏曰く、このやり方を「言行省察の法」と言います。（「渋澤論語を読む」Ｐ・91参照深澤賢治著　明徳出版）

私も、毎晩寝床で毎日の振り返り、まずかった点は反省するようにしています。そして、相手を傷つけるような言葉を言った場合には、その場でお詫びしておきます。渋澤榮一氏の「言行省察の法」を知り、私も反省＋本日の出来事を思い浮かべ心に刻むようにしています。これで記憶力が多少はアップしているようです。

## 《5》絶えず自らにイノベーションをかける

先ほど触れましたけれど、自分の経験、キャリアにどんな人生を歩きたいかを明確にする重要性を説きました。自分にイノベーションかけることによって、自分自身の実力をアップできます。イノベーションをかけていくことによって、自己成長ができて、それが喜びに繋がります。

昨年はＺｏｏｍのセミナーで最大４００名の人がセミナーに参加しました。また、４冊の出版実績により自らにイノベーションをかけることができました。一年前と比べ、実力が３割ほどアップし、自己成長の喜びを感じました。

また、私の夢の１つであるシニアとシングルマザーが共生するコミュニティ・ハウスユートピア館計画は、来年の完成を目指して、実行に移していく事にしています。自らにイノベーションかけることによって、本当に自分の力が上がってきます。

実力がついたときというのは、本当に自己成長の喜びを感じます。イノベーションに年齢は関係ありません。冒頭でも述べたとおり、自らの「精神的態度」が最重要といえます。

生涯、仕事と勉強の人生と心得ると人生が楽しくなっていきます。

定年退職後に、認知症になるシニアが多いのですが、一生涯勉強と心得ていると、認知症にならないといえます。人は他人から必要とされている思うと、生きがいを感じます。それぞれの役割分担・期待値は、年齢とともに変わっていきます。生涯勉強だと心得ていれば、人生が輝き、充実した人生を送ることができます。

## 《6》判断力と決断力をつける

日々私たちは、公私にわたり多くの判断を求められます。例えば、今日は雨が降りそうだから傘を持っていこう。そろそろインフルエンザの季節だから電車の中でマスクをしよう。こういうのは判断です。仕事面でも日々多くの判断をしています。判断するときは、その時の状況を基に判断します。しかし、この判断を先送りしている人が結構います。

状況は絶えず変化しています。従って、即断即決をしていかないと、間違った判断に繋がりやすくなります。これができない人を優柔不断といいます。もちろん即断即決の場合でも間違った判断をするときはあります。私はそれで良いと思っています。自分の判断ミスに対し、反省し、何が間違っていたのかを振り返り、次に間違えないようにすればいいからです。このプロセスを経ると判断力がついてきます。

一方、決断とは私は自分の方針・戦略・価値観等に基づき、意思決定することと定義しています。判断にもリスクが伴いますが、私は決断をもう少し重い出来事の意思決定と位置づけています。そして、決断にもしばしばリスクが伴います。リスクが大きければ大きいほど慎重に考えます。私の意思決定の基準は、そのリスクが自分の能力の範囲内かどうかで決めています。

もちろんその決断が間違っている場合もあります。しかし、自分のリスクの範囲内なら、決断ミスの原因を振り返ります。それが経験となり、自分の成長に繋がります。そ一度も失敗したことがないという人がいたなら、それは決断をすることが殆どなかっ

●判断力と決断力の違い

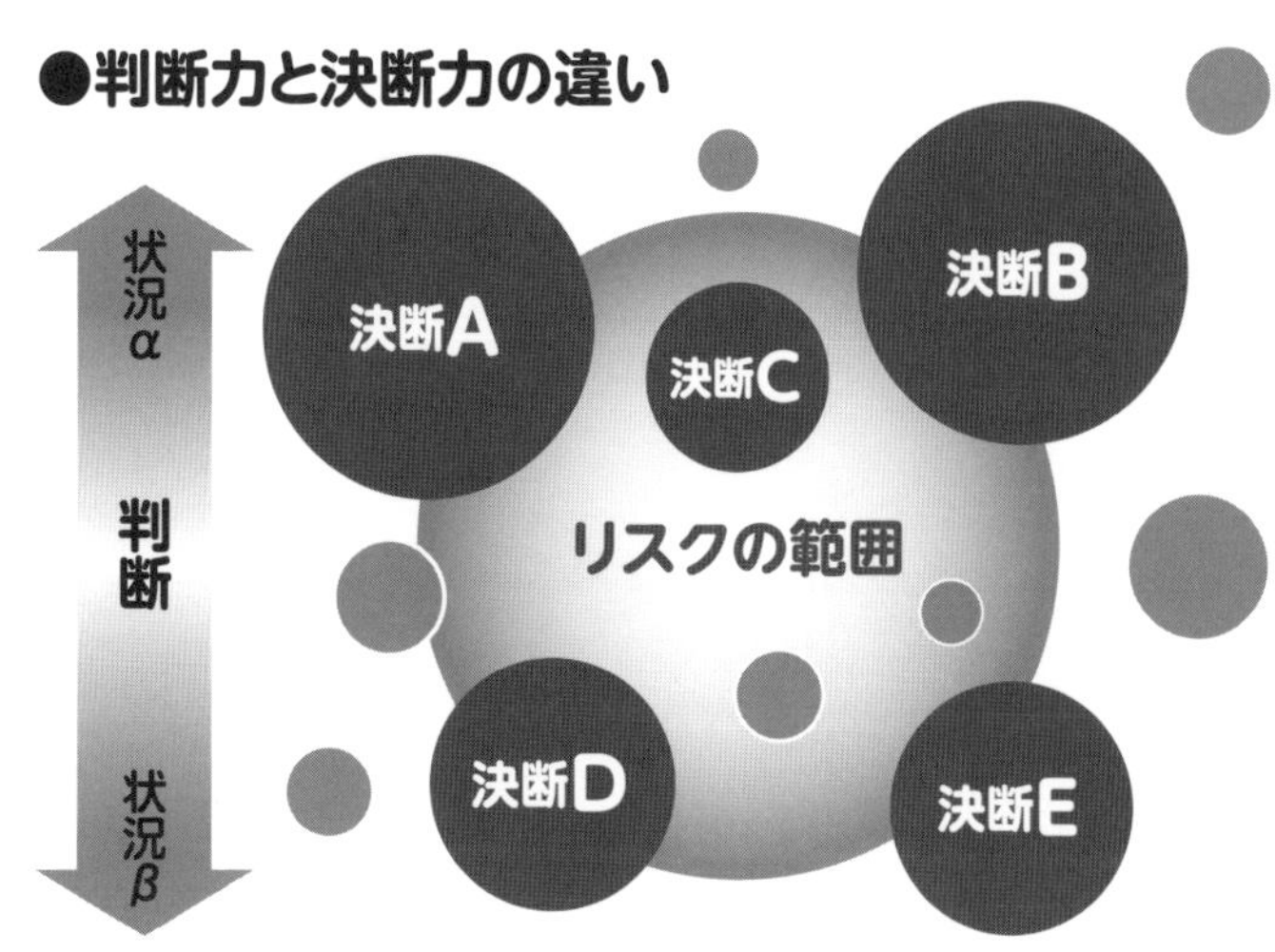

たからだといえます。

よく「考えてから決めます」という人がいますが、考えたからといって、良い決断ができるとは限りません。考えている内に状況が変わり、とき既に遅しということもしばしばあります。小さなリスクなら、積極的に受け止め、決断していく。そのことにより決断力がついてきます。

この決断力の差が人生の選択の差となって現れてきます。

## 《7》仮説を立てる

仮説を立てながら仕事を進めると、時間管理が効率的に行え、仕事の能率がぐんとアップします。

仮説思考の際に参考になるＩＴ機器がカーナビです。カーナビは、目的地を入力すると、目的地までの最適なルートと所要時間を教えてくれます。そして、目的地に到着するまで、絶えず道路の渋滞状況に合わせ、最適な所要時間を計算してくれます。

カーナビを仕事に応用すると、締め切りまでに実施しなければならない仕事を、最終日から逆算して、手順書を作成します。社内の協力部署や社外の取引先等との連絡事項も含め、おおよそのフレームワークを作っておきます。

特に新しい仕事の場合には、このやり方が有効です。

もし、途中で渋滞や事故に遭った場合には、カーナビは代替手段を教えてくれます。同様に、予測しなかったトラブルが発生した場合には、対処方法が必要となります。その際、重要なことは、スケジューリングはぴっちりと立てずに多少余裕を見ておくことです。予算も予備費を計上しておくように、時間も予備の時間を取っておけばいいわけです。

仮説思考の際のポイントとして、自分自身に対し、「切羽詰まった状態を常に作り出す」ことです。明日、９時スタートのゴルフ・コンペに行く場合、そこから逆算して朝何時に起きなければならないか予想を立て、朝早くぴしっと起きることができます。

仕事も同様です。「時間を常に人一倍大事に考える」「目覚まし時計が鳴っている」状態を作っておくことです。

この「人生の目覚まし時計」状態を、仕事にも取り入れ、習慣化しておくことで、仕事の能率が格段にアップし、短時間で仕事を切り上げることができます。

## 《8》成功のキーワード「SUCCESS」

仕事力アップのキーワードとして「ＳＵＣＣＥＳＳ」をとり上げたいと思います。これは私の造語ですが、『あなたの営業力、伝える力10倍アップの極意』でも、営業力という切り口から「ＳＵＣＣＥＳＳ」を解説しました。それでは仕事力の切り口で捉える「ＳＵＣＣＥＳＳ」を解説します。

この「ＳＵＣＣＥＳＳ」というのはＳ＝Ｓｍｉｌｅ。Ｕ＝Ｕｔｉｌｉｚｅ。Ｃ＝Ｃｏｍｍｕｎｉｃａｔｉｏｎ。Ｃ＝Ｃｏｎｔｒｏｌ。Ｅ＝Ｅｎｔｈｕｓｉａｓｍ。Ｓ＝Ｓｅｒｖｉｃｅ。最後のＳ＝Ｓａｔｉｓｆａｃｔｉｏｎということになっています。

この頭文字を取って「ＳＵＣＣＥＳＳ」という言葉を作りました。

①Ｓｍｉｌｅ（スマイル）

これは本当にＳｍｉｌｅ、笑顔があれば職場全体が和みますよね。いつもカリカリしていたらいい仕事はできないですよね。集中もできないということになるので、その職場全体が非常に明るい、笑顔っていうことが大事かなと思っています。

これは軽いことが行き過ぎるとだれると思うんですけど、そうではなくて明るいっていうことが大事だと思います。

そして、そこの職場のリーダー、例えば部長とか課長とかがいつも明るいと職場全体が明るくなってくるんです。それだけで職場の雰囲気が良くなって生産性が上がっていくわけです。ですから、特にトップに立つ方にとって重要なのかなっていうことでスマイルが重要です。

②Ｕｔｉｌｉｚｅ（活用する）

最近はインターネットで結構いろんな検索が自由に使えるのでこれを活用する人も多いと思います。例えば業界用語がわからないとか、この会社のことを調べたいとかいうときに活用します。

活用するとは、何もインターネットだけではありません。本から学ぶこともあります。それからマスコミの各ニュースからも、いろんな良いヒントが得られます。

活用の範囲は広いです。職場ではいろいろな人が仕事をしています。まずは担当者、主任、係長、課長、部長、担当役員、社長というタテ系列の組織があります。このようにきれいにタテ系列の組織になっている企業は少ないことでしょう。

しかし、それぞれの役割分担があります。担当者の守備範囲は狭く深くです。だんだん役職が上がるに従って、守備範囲が広がり、見ている視点も異なってきます。これに経験が加わります。

仕事で壁にぶつかったり、課題が発生したら一人で悩んでいるのではなく、まずは直属の上長に相談してみることで問題が解決できる事も多々あります。

一方で、その職場以外の組織ではモノの見方が変わってきます。営業は、当期の業績達成に集中します。しかし、売上達成に集中する為に、顧客の与信管理がおろそかになることがあります。

そのとき、経理は顧客からの入金が遅延したら、何か問題があったのかを経理の視点からチェックします。

更には審査部門は、その企業全体の状況を見ながらチェックしていきます。

特にコロナ禍で各企業とも売上の減少等余儀なくされているので、与信管理、すなわち企業の信用管理が従来以上により一層重要となってきます。

また、商品の納期に関しては、運輸部門との連携の中で納期通りに商品が納入できるのかは会社の信用問題になるので極めて重要です。

③Communication

また、コミュニケーションが出てきました。本当にこのコミュニケーションは重要です。これは全ての基です。コミュニケーションの項目で解説しましたのでここではこの程度にしておきます。

④Control

これは、仕事力という切り口で見たときに、先ほど仕事というのは出来高管理だって言いました。ですから、その出来高を1日の自分の割り当てられた時間、例えば、時間が9時から18時だということで、もし8時間というのがあったら、その中で自分がどういう風に割り振ってやっていくかということです。原則は残業しないということです。自分の業務時間の中で全部時間をコントロールしてやり遂げるという事が大切です。明日までにやらなければいけないことがあったら、それはとにかく今日中に残業かけてもやりますけれども、原則は残業なしでやるのが重要なポイントです。残業を前提とした時間管理では残業することが習慣化してしまいます。

よって仕事を業務時間の中で終わらせるよう時間管理、コントロールすることがポイントです。さらに、結構集中力が出てきます。その結果生産性も上がります。会社から見れば、コストダウンにも繋がります。

⑤Enthusiasm

インシュージアズムと発音します。少し発音しづらいかもしれませんね。Enthusiasm、これは熱意という意味ですけれども、Passionと同じような意味です。こちらは第1章①「何の為に仕事をするのか？」で解説しました。仕事をやる目的意識が明確になってくると自然に熱意が湧いてきます。

私は社会人になって約50年経ちますが、手抜きをせずに全力投球で仕事に取り組んできました。その結果、仕事力が人並み以上にアップしてきたモノと自負しています。

### ⑥Service

これは一言で言うならば、誠実さといえます。ここで言うサービスとは、あなたが仕事で関係している社内外の人の役に立っていることを意味します。サービスを日本語に訳せば役務です。つまり、あなたの役務の提供が周りの人に貢献しているかどうかです。逆にミスをしたりして足を引っ張っているなら、あなたの評価は低くなります。それが給与にも影響していきます。

このサービスは誠実に対応するということ。いつまでにやってくれって言われたら、その期限を守るとか、ミスがないとかです。その様なこともサービス

## ●仕事力アップのキーワード：SUCCESS

| | |
|---|---|
| S | Smile　微笑み |
| U | Utilize　活用する |
| C | Communication　コミュニケーション |
| C | Control　時間管理 |
| E | Enthusiam　熱意 |
| S | Service　サービス |
| S | Satisfaction　満足 |

の1つになってくるわけです。ですから、このサービスというのは社内や社外の関係者に対して、あなたの役割を意識してそれをきちっと誠実さを持って行うという風に理解してください。

働くという言葉は、ハタを楽させるという意味もあります。つまりあなたの仕事が周りの人を楽させ、仕事の負担軽減に繋がっているかどうかがポイントです。サービスの意味の1つが奉仕です。奉仕の精神で臨めば、人間関係も円滑となり、その職場の空気は良くなっていきます。

⑦Satisfaction

満足という意味ですけれども、前の

サービスをきちっとやれていれば周りの人は非常に満足するわけです。ですから、これはＣｕｓｔｏｍｅｒ　Ｓａｔｉｓｆａｃｔｉｏｎという顧客満足だけじゃなくて社内外の関係者に対する満足に繋がってくる。そうするとすごくいい関係が出てくるということです。いい関係だと信頼関係に繋がってくるわけです。こういうものが善の循環となって「ＳＵＣＣＥＳＳ」ということになります。

## 4 各種コミュニケーション手段の基本ルール、マナー

ＩＴ全盛の時代、最近は携帯電話、それもスマートフォンがすっかりコミュニケーション手段の主役となりました。これにメール、携帯メールそして、ＬＩＮＥが加わります。これらのコミュニケーション手段の使い方を心得ているだけで、仕事力はアップし、思わぬトラブルに巻き込まれることは少なくなります。

なお、詳細は拙著『あなたのコミュニケーション力10倍アップの極意』で解説してありますので、ここでは仕事力という切り口で説明します。

### 《1》固定電話

最近は電話の前に「固定」と一言言わないと携帯電話と勘違いされる時代です。

また、現在の電話料金は携帯電話から固定電話にかける場合、固定料金のかけ放題

お手数ですが
63円切手を
貼って下さい

郵便はがき

114-0002

東京都北区王子 五－一－一－一三－四

㈲マーキュリー物産

菅谷信雄著書
『あなたの仕事力・生産性10倍UPの極意』
愛読者アンケート係 行

# 『あなたの仕事力・生産性10倍UPの極意』
# 愛読者アンケート

| フリガナ<br>お名前 | 男・女 | 歳 |
|---|---|---|

| ご住所　〒<br>都道<br>府県 |
|---|
| 携帯番号 |
| メールアドレス |

| ご職業 | ①会社員　②経営者　③公務員　④自由業　⑤自営業<br>⑥主婦　⑦学生　⑧ 年金生活者　⑨ビートルズファン<br>⑩ネットワーカー　⑪その他　（複数選択可） |
|---|---|

| 著者のメルマガ「マーキュリー通信」を<br>ご希望される場合には、右欄に○をご記入願います。 | |
|---|---|

◆本書をどのようにお知りになりましたか

①書店で見て　②インターネットで見て　③著者と知り合いだから
④友人、知人から　⑤その他（　　　　　　　　　　　　）

◆本書をお読みになった感想をお聞かせください

| 5段階評価 | 5 | 4 | 3 | 2 | 1 |
|---|---|---|---|---|---|

を利用することが多いので、携帯電話料金を気にせずに固定電話にかけられます。

固定電話に電話をする場合、まず自分の社名と名前を名乗るのがルールですが、時々いきなり「誰々さんいますか？」とぶっきらぼうに電話をする人がいます。これだと電話を受けた方、たいていは女性が多いですが、あなたの印象が悪くなり、それだけであなたのイメージ低下につながります。ですから、きちんと自分の社名と名前を名乗るのがルールです。そのときに社名と氏名を丁寧にゆっくりと伝えることが大事です。私の場合、「マーキュリー物産の菅谷と申します」とゆっくりと伝えます。しかし、それでも相手は聞き返してきます。

次に、話したい相手が不在のことも多いです。その場合「ただいま○○は不在にしております」とか「会議中です」といった回答が返ってきます。そうなると、相手との人間関係により伝える言葉が違ってきます。人間関係のある相手なら、「それではお手数ですが、私の携帯電話までお電話いただけますか」と伝え携帯番号を教えます。一方、相手側の心得として、伝えられた社名と名前、携帯番号を復唱する習慣をつけることがポイントです。間違えることもあるのでこれは必須です。

コールバックをいただくほどの関係ではない場合には、用件を伝え、「関連資料をメールで送りますので、よろしくお願いします」と伝えます。

なお、私は電話して基本的に相手が役職者の場合には役職をつけて言います。例えば、「誰々社長いらっしゃいますか」とかそういう言い方をします。1つはマナーであり、相手に対するリスペクトがあります。もう1つは役職が変わっていることもあるので、その確認の意味もあります。時々人事異動で変わっていることもあります。そのような場合、異動先の部署と役職を聞くことにしています。

ときには、自分の会社の上司を、「○○社長はいらっしゃいません」とか「ただいまお出かけになっております」など、さらに極端な場合には、「○○社長さんは今いらっしゃいません」などと敬語を使う人がいます。これなど社員教育ができていないと思われ、会社のイメージダウンにつながります。

正しくは、「社長の○○は今不在にしております」です。「何時まで会議でございます」と答えるのがいいわけです。日本語の正しい使い分けとして、相手に対しては尊敬語、自社は身内なので謙譲語、へりくだった言い方をするのが礼儀です。

私は三井物産に入社時に、電話のかけ方を直属上司から教えてもらいました。あれから50年近くの歳月が経ちますが、新入社員時代に教わったことは未だに生きています。やはり、「鉄は熱いうちに打て」ですね。

―　むしむしホットラインになってしまった！　―

「もしもしホットライン」に在職中、通販で出張カバンを注文しました。会社にその商品が届きました。宛先を見たらもしもしホットラインでなくて「むしむしホットライン」でした。これには周りの人は唖然、大爆笑でした。その出張カバンは今でも持っています。

やはり顧客の氏名を復唱していたら、こういうミスはなかったわけです。

相手が不在の場合には「ご用件を承りましょうか?」という反応となります。ところが最近、結構セールスの電話が多いせいか、電話の向こうの窓口の従業員が、いきなり電話の用件を聞いてきたりします。「どういうご用件で、何ですか?」などという言い方することも度々です。これは非常に失礼です。会社のイメージダウンとなります。大事なお客様だったら立腹され、商売に影響することもあります。

その場合、「○○が戻りましたらお電話させましょうか。よろしければお電話番号を頂戴してもよろしいですか？」と返答します。

セールスの売り込みの場合には、「コールバックお願いします」とは言いません。また、繰り返し電話がかかってきたら、そのときには「すみません。あの何かご用件ですか？　お急ぎだったら○○に電話をさせますが」と応えればいいわけです。

先方が用件をもし伝えたら、それに関しては「間に合ってます」と応えればいいのです。あまり何度も電話がかかってくると仕事の邪魔になりますから、その辺で断ればいいですよね。

## 《2》携帯電話

携帯電話はパーソナルツールで、現在ではほぼ全員所有しています。それも大半はスマホです。だから直接本人に電話することになります。

そのときの第一声は相手との人間関係によって異なります。

普段仕事をしている相手なら「菅谷です。お疲れ様です」のみで済ませます。

それから相手の反応の仕方で現在の状況を読みます。

相手とそれほど人間関係ができていない場合には、「マーキュリー物産の菅谷です」、相手が目上や社長、大企業の役職者の場合には、「マーキュリー物産の菅谷ですが、ご無沙汰しております。今、よろしいですか?」とやんわりした口調になります。また、初めて電話をかける場合、話すスピードを少し落としながら「マーキュリー物産の菅谷と申します。◯◯の異業種交流会でお会いしましたが、今、よろしいですか?」と切り出してから、本題へと進みます。

一方、相手から電話をかけてくる場合、例えば登録してない相手には、最近はセキュリティに厳しい時代となってきたので菅谷と名乗らないことにしています。相手が「◯◯です」と名乗ってから、自分の名前を伝えることにしています。なお、フリーダイヤルでかかってくる電話の場合、商品の売り込みが圧倒的に多いので出ないことにしています。また、相手から電話がある場合、相手がかけ放題の料金サービスに加入しているか聞きます。もし、利用していない場合、私からコールバックする旨伝えます。

さて、いざ相手に電話をする場合、固定電話と違い、相手の状況が分かりません。

従って、相手の状況を判断することが重要です。相手の状況に関しても、あなたとの人間関係と電話の用件によってもかなり異なってきます。

例えば、相手が電話に出た際に、相手の態度から「今、都合悪そうですか？」と一言言います。すると相手は、「今会議中」とか「電車の中」など、相手の状況を伝えてきます。もし相手が電車の中で急ぎの場合は、「用件だけをこちらから話すので一方的に聞いてください」と伝えたりします。または、「ＬＩＮＥで用件を伝えます」と言います。会議中の場合には、ＬＩＮＥまたは携帯のショートメッセージを送ります。なお、ショートメッセージの場合、文字数制限があるので、メッセージの文字数が限定されてしまいます。その場合、複数回に分けて送ります。

## 《3》メール

### ①パソコンメールと携帯メールの使い分け

私は基本的にはパソコンメールを利用しています。パソコンメールは、携帯メールと比べ、スピードが5～10倍くらい速いので、相手に伝えたいことをより的確に伝えることができるからです。従って、携帯メールはほとんど見ません。

また、私はＡＴＯＫに単語登録をして、それを活用しています。例えば、本書のタイトルならｓｓ10と入力すると、「仕事力10倍アップの極意」と出てきます。マーキュリー物産ならｍｂ、マーキュリー通信ならｍｔです。これを長年蓄積してきたので、変換スピードが断然速く楽です。

最近のＡＴＯＫは、システムのバージョンアップを外国に委託しているのでしょうか。漢字変換すると優先順位の低い順に出てくるので、ストレスが溜まります。ＡＴＯＫに改善を申し入れても、反応がありません。毎年、バージョンアップした旨案内メールが来ますが、根本的改善をしない限り使い勝手は改善されません。

また、受発信のメールは、案件毎にフォルダーを作り、フォルダー毎の管理をしています。例えば「顧問先」というフォルダーを作り、さらに各顧問先毎のフォルダーを作り、そのフォルダーに受発信毎のメールを保管しておきます。これで頭の中が整理され、いつでも必要なメールを取り出せるようになります。

毎朝、受信メールをチェックしますが、まず「未開封」をクリックして、未読のメールをまとめます。次に、重要メールや緊急メールを見つけ、それを先に対処します。特に急がないメールは、不要なメールを削除しながら対応します。ところが、時々未開封メールの数が一致しないことがあります。その場合、未開封メールに入らず、下の方に潜り込んでいる場合があるので、下まで探しに行ったりしています。

私は受信メールには必ず返事を出す習慣をつけています。これをやらない人が結構います。相手との待ち合わせの確認とか、納期の確認とか、確認が必要な場合には絶対必要です。これを怠って後々トラブルを起こす人が結構います。トラブルを起こすと、その処理のための時間がとられます。当然仕事力の低下につながります。

## ②開封確認メール

私の場合、相手が返事を出す習慣があまりない人や、相手が見たかどうかを確認したい場合、開封確認メールを利用しています。しかし、これを多用すると迷惑になることもあるので、限定した方が良いです。

## ③CC、BCCの使い方

ＣＣとＢＣＣの使い方を知らない人も多いので触れておきます。

ＣＣは、自分の送るメールを参考までに知っておいて欲しい人に送ります。メールを受信した相手は、ＣＣで送った人を見ているので、情報を共有することができます。ただし、あまり多数の人に送りすぎると迷惑メールになりかねず、できるだけ絞り込んだ方が良いです。また、自分に関係のないメールが来ても、読まないことが多いです。

次にＢＣＣは、“Blind Carbon Copy”の略ですが、使い方としては、主に２つあります。１つ目は個人情報保護の観点から、誰にメールを送ったかを伏せたい場合です。次にお互いのメールをやり取りするときにその人に送ったということが相手に漏れたらまずいという時にＢＣＣで送ったりしています。結構、私なんかも活用しています。

それから、よくメーリングリストを活用している人もいます。１回そのメーリングリストでメール返事しますと、そのメーリングリストに載っている人全員に行くわけです。そのやり取りのメールが関係者全員に送られるので、迷惑メールとなりやすいので、メーリングリストを使う人は注意が必要です。

## ④迷惑メール

「迷惑メール」というフォルダがあるので、そこに自動的に振り分けられるようになっています。しかし、たまに必要なメールが迷惑メールに紛れ込んでいるので、迷惑メールを削除する場合には注意が必要です。従って、必要なメールがないかどうかチェックしながら、削除するようにしています。その際、迷惑メールではなくて、右クリックすると安心メールが出てくるので、安心メールの方に持って行きます。

## ⑤メールアドレスを変更の場合

迷惑メールを減らすためにメールアドレスを変える人もいます。その変更通知を出さない人が多いです。通知をしないと、そこでビジネスが途絶えることになってしまいます。私の場合、メールアドレスが変更になった場合には、必ずその旨関係者にメールを送ります。

そして、メールアドレス変更の通知が届いたら、必ずその場で訂正しておきます。後でやると忘れてしまうからです。

## 《4》LINE

4～5年前から、私はビジネスのコミュニケーション手段としてLINEを毎日活用しています。私の場合、スマホとパソコンのLINEが同期するようにしています。通常はパソコンのLINEから発信しています。なぜならパソコンの方が長文の文章が速く書けるからです。スマホからの発信は短い文章に止めています。

## 《5》Zoom

昨年のコロナ禍以降、Zoomが新しいコミュニケーションツールに加わりました。昨年5月からZoomをホスト役として利用を開始しました。既に100回以上私がホスト役、セミナー講師役として利用して、すっかり新しいツールに慣れました。私のセミナーに最大で400名の参加者があったので、現在は定員500名のサービスを利用しています。

以前はスカイプが主流でしたが、すっかり主役の座をZoomに明け渡しました。昨年1年間スカイプをやりましょうと言われたことはただの一度もありませんでした。時々年配者でZoomを敬遠している人がいます。しかし、仕事をしている以上、Zoomを敬遠していれば、世の中に取り残されることになります。

# 第3章 時間管理戦略の重要

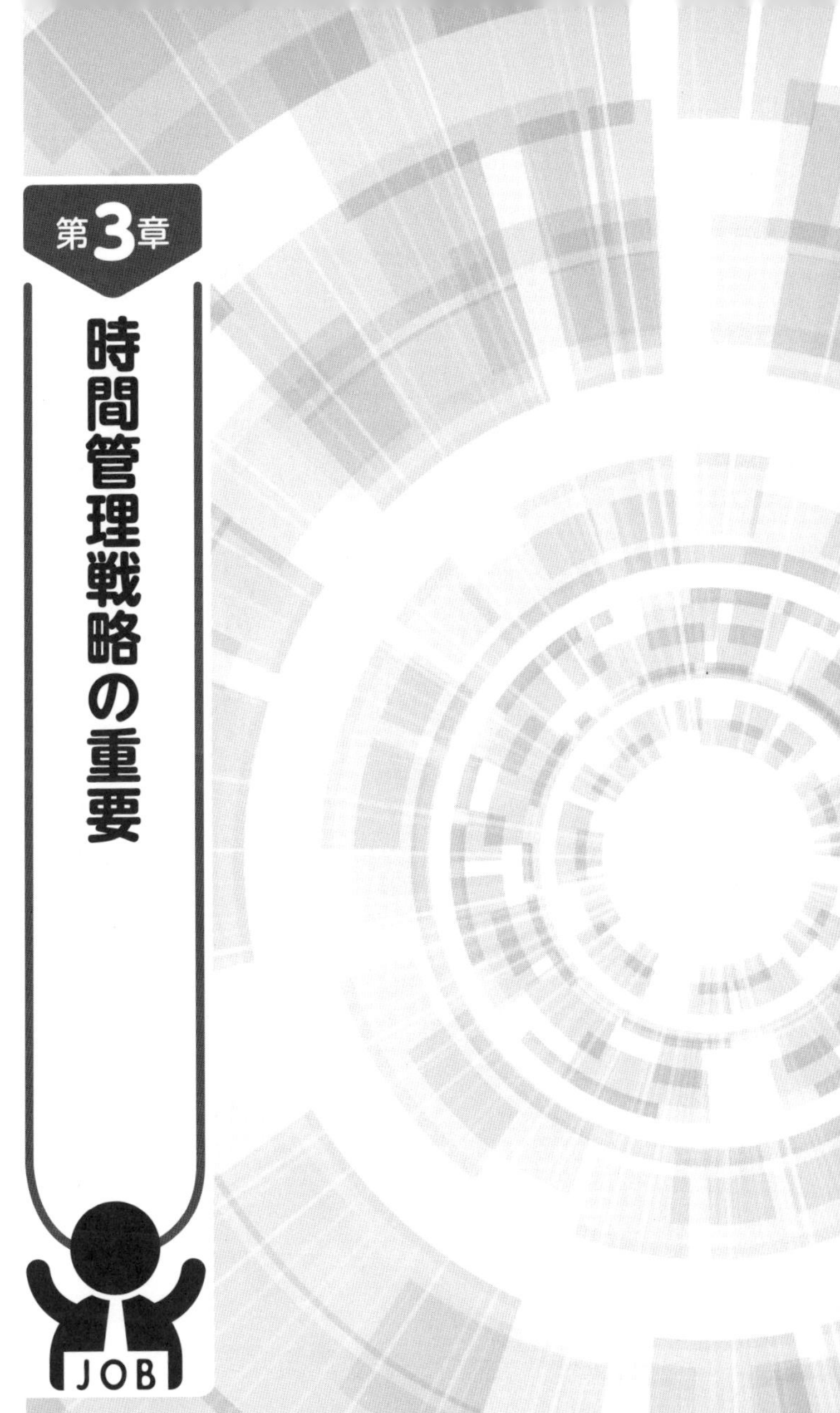

# 1 時間管理戦略で生産性の飛躍的アップを図る

## 《1》無駄な時間は仕事と勉強の中にある

### ①時間の浪費は後で後悔する

時間は総理大臣だろうが定年退職者だろうが等しく1日24時間です。

例えば、私が大学生のとき、多くの人もそうだと思うのですけど、大学生の頃は非常に時間が沢山あるので、どうしても無駄に使ってしまう。私もよく麻雀をやりました。麻雀をだらだらやったり徹マンやったりとかいうことも結構ありました。今から思うとほんとに無駄に使ってしまったなと思います。そのときは楽しかったのかもしれないです。でも、麻雀やって徹マンやったからって、なんか充実していたなとかないですね。あのとき、大学生として学ぶべき学問に真剣に取り組み、真剣に考え、考える力を養うべきだったと後悔しています。だから、私自身そんな後悔をしないように、今年72歳になる私が今でも引き続き真剣に多くのことを学び取ろうと努力しています。昨年の読書量は200冊でしたが、今年は新たな速読法のトレーニングを受けて500冊が目標です。学ぶことは自己成長につながり、それが喜びにつながります。麻雀をやっているときは確かに楽しいです。しかし、それは刹那的な楽しさであり自己成長につながりません。学生時代に徹マンをやって自己成長につながったなどとは思いません。若気の至りとしか思っていません。ただ時間を無駄にしたという後悔しか残っていません。

## ②優秀なビジネスパーソンは時間を効率的に使う

よく仕事のできる人の所に仕事が集中し、できない人の所には仕事が行かないといいます。確かにそうだと思います。仕事のできる人は、いかに生産性を上げるか、効率よく仕事をするかに注力します。忙しい人、仕事のできる人は時間を効率的に使っています。いかに効率的に使っているかっていうことが重要になってくるわけです。

### ③仕事のできない人は時間効率が悪い

　三井物産在職中に仕事のできない人は窓際族と称して、閑職に追い込まれました。大半が年配者です。暇をもてあましているので、彼らにつかまると長話につきあわされます。だから、なるべく巻き込まれないように敬遠します。その人は、1日中冗長な話をして、時間を潰します。また、仕事のできない人は仕事を1つやるにしても遅いです。結局、暇だから遅いんですね。

　以前、H社の顧問をしていたときに、I氏はたくさんの覚書を毎回一から作成していました。I氏はパソコンが苦手で、左右の人差し指を使ってキーボード入力

**●仕事のできる人とは**

していました。その為、１つの覚書を作成するのに2時間もかかっていました。私が、見るに見かねてＩ氏にＯｆｆｉｃｅ２００３には置換機能があり、契約者名、住所等置換できるものは置換機能を使えば直ぐに覚書の作成ができることを教えました。

## ④喫煙は生産性の低下に大きく影響

最近は会議室でたばこを吸う光景はほとんどなくなりました。喫煙は、非喫煙者に健康面も含め悪影響を与えていたので、たばこが大の苦手の私にとっては朗報です。それだけ禁煙がビジネス社会でも定着してきたようです。

一方、Ｈ社では社長の方針で全社禁煙でした。しかし、愛煙家が多く、１時間毎に愛煙家が建物の外に集まり、談笑していました。喫煙時間は10分程度ですが、１日に換算すると1時間以上となります。月に換算すると20時間以上、即ち約３日分の仕事時間が失われ、その分生産性が落ちる事になります。これだけでも生産性はかなり落ちます。

喫煙者の言い訳として、たばこを吸わないとその分能率が落ちると言います。

しかし、たばこを吸わなくても仕事に集中する方法はいくらでもあります。

三井物産在職時の上司でO室長は、「喫煙者には月5千円を給料から差し引く」と半分冗談交じりで言っていました。しかし、3日分の仕事時間が失われるなら、5千円でも安すぎるといえます。

## 《2》考える力をつける

仕事をしていく上でも、「考える力をつける」ことは極めて重要です。

自分の能力が上がるに従い、仕事の質が上がるに従い「考える力をつける」ことが求められてきます。そして、「考える力」は若いときからつけることが重要です。この習慣をつけるかどうかで、将来どの程度の地位、役職につくかも決まってきます。高度の判断力は、深い洞察力や深い考えをベースにしています。先見力も単に思いつきだけでは出てきません。「考える力」のない人が高い地位や役職に就いたら怖い訳です。

また、「考える力」を蓄積していくことで、考える時間をだんだん短縮することもできます。蓄積された知識、経験は潜在意識下にインプットされ、必要の都度ひらめきという形で現れてきます。

「考える力」はすぐにはつきませんので、日頃のトレーニングが大事です。訓練の方法として、日常の出来事に絶えず関心を持つこと。身の回りのこと、政治経済、社会の出来事に自分ならこのように考えるという意見を絶えず持っておくことです。仕事に関しても、この「考える力」をつけておくことで、創意工夫や企画力がつき、イノベーションをかけ、仕事力をアップさせることができるわけです。

## 《3》コロナ禍の新しいビジネススタイル

昨年のコロナ禍から多くのビジネスパーソンが在宅ワークを余儀なくされていると思います。私自身も含めＺｏｏｍを始めとしたテレワークの仕事がすっかり定着してきました。在宅ワークでは、会社への往復の通勤時間がなくなります。通勤地獄から解放され、在宅ワーク中心の生活にすっかり慣れてきたビジネスパーソンも多いと思います。

また、アポ先に行くまでの片道約1時間の時間がなくなり、交通費や会議費もかからなくなり、経費も大幅削減となっています。

このようなビジネススタイルで一番求められるのは成果です。テレワークのサラリーマンも多数増えてきましたが、今後は成果の有無を強く要求されるようになると思います。成果の出ないサラリーマンは今後リストラの対象となる恐れが出てきます。

成果を測る1つに、私は体型維持をあげています。

規則正しい生活習慣、食習慣、それに運動がきちんとできていれば、体型は維持できます。私は、週1回体重測定していますが、ずっと60キロを維持し、その他のデータもほぼ同じ数値を維持しています。また、夜居酒屋で飲むことがなくなったので、夜は規則正しく11時に就寝し、朝は1時間早く5時に起床することにしています。

起床してから、ひげそり・洗顔等、身だしなみをしっかりすることも、仕事モードに入っていくためには大切です。

さらに、朝の1時間半の運動（階段の下降と上り・柔軟・ストレッチ・筋トレ）が体型維持に一役買っていると思います。

## 《4》パレートの法則

いろいろな局面で、この法則は使われます。

会社の利益の8割は、上位2割くらいの商品で占めていると言われます。

また、会社の人材のうち2割が、会社に貢献大の人財といわれます。逆に一番下の2割は人罪、つまり、いるだけで金食い虫で罪だと見なされます。その間の6割は人在、ただ会社に出勤して、終業時刻が来たら帰る、ただ会社に入るだけの人といわれています。これをパレートの法則といいます。


これは時間管理にも使えます。あなたの時間の中で、上位の重要な仕事、つまり生産性・収益性の高い仕事2割に対して、時間の8割を割きます。

これが1つの時間管理戦略です。

そして、時間を非常に効率的かつ戦略的に使う事です。また、最重要の仕事を午前中の2時間に充てます。その間は、外部や社内から電話があっても「ミーティング中」ということで出ないことにします。

## 《5》仕事ができる人の3条件

普段いろいろな人とビジネス上の交流があります。その中で仕事のできる人とそうでない人の特徴があります。

仕事のできる人は、まず第1に素直です。素直だから、いろいろな情報が入ってきます。素直に聴いた上で、その情報をどのように処理するかを瞬時に決めていきます。次に意思決定の速さが上げられます。そして、最後は行動力の速さです。

情報氾濫の時代です。

――情報入手→意思決定→行動力――

これを高速回転で実行していかないと、生きた知識として身についていきません。手に入れた情報を温めていれば、そのうち鮮度が落ちてきて使う価値がなくなってきます。もちろん仕事力のベースにはコミュニケーション力があることは当然のことですが。

## 《6》時間管理とは出来事管理のことと認識する

時間の管理は、出来事管理のことです。1日の仕事の時間が8時間としますと、この中でとにかく色々な仕事がたくさんあるわけです。それぞれの仕事は、すぐにさっと終わってしまう仕事から、数時間もかかるような仕事まであります。これ一つ一つが出来事になります。朝から終業までどういう時間配分するかが生産性を上げるために極めて重要となります。時間管理に有効なツールとしてｔｏ ｄｏ ｌｉｓｔがあります。自分が本日やらなければいけない仕事をｔｏ ｄｏでリストアップします。

そこで、今日だったらこの仕事は1時間かかるぞと思ったら、この仕事はどの時間帯にやるかっていうことを決めていくわけです。この仕事は1時間かかるぞと推測したなら、他に仕事をやらないでそこに集中するわけです。その場合、例えば電話も出ない様にすることですね。これがひとつの出来事管理となります。

メールに関しては、私の場合、朝まとめて見て、迷惑メールを除いて、重要な順番から、重要で急ぐものから、メールを返信していきます。これも集中です。メールという1つの出来事をさっと片付けてしまうのです。これによって、メールを打ち忘れするようなことがなくなります。1日のうちにいろいろある仕事を、出来事に分けて管理していくことによって、非常に効率をあげることができます。

それから、電話をかけるうえでも、当然、相手がいる時間帯を意識してかけます。相手の会社の始業時間や会議の時間などです。日本人は会議が好きで、10時を過ぎると会議が増えます。午後は1時半~3時が会議の多い時間帯です。従って、その時間帯を外すことで、相手とコンタクトできる回数が増えます。

Coffee Break

―　残業なしデーのもうひとつの成果　―

三井物産在籍中、毎週水曜日が残業なしデーでした。人は退社時間が決まっていると、まずは朝出社時に、それまでに本日中に仕上げなければならない仕事を優先的に片付けようとします。そして仕事に集中しようとします。その結果、意外と残業をしないでも帰れるようになります。逆に残業を前提とした仕事スタイルだと、仕事にメリハリがなく、残業が当たり前の感覚で仕事を片付けるようになります。

さて、退社時の机上のファイルの状況により、その人の仕事の整理具合、頭の中の整理具合が把握できます。机上の書類が整理整頓されて帰る人は、頭の中がいつも整理された状態、すっきりした状態でその日の仕事を終えることができます。逆に書類が山積みで帰る人は、頭の中が整理されてない状態で帰ります。当然、生産性の面ではいつも書類が整理整頓されている人の方が良いといえます。

## 《7》to do listの作成

仕事を円滑に進めていく1つのツールとしてto do listがあります。

私の場合、週末に翌週のto do listを書き出しておきます。そして、必要の都度、1日のto do listを作成しています。

to do listは大分類、中分類、小分類に分けて作っています。マイクロソフトやグーグルにto do listのソフトがありますが、私の場合は、使わなくなったA4の紙の裏を使っています。

to do listのソフトを利用したことがありますが、いちいちパソコンからアクセスしなくてはならないので面倒です。紙ベースの方が私には却って使い勝手が良いといえます。これは個人差があるので、あなたの得意な方を選べば良いと思います。to do list作成により、仕事の管理もしっかりとできるようになります。

## 《8》1日は24時間ではない?!

あなた一人だけで何かをやろうとしたら、当然1日は24時間です。けれども、あなたがやらなくてもいい仕事もあるわけです。これを誰かに頼むなら、その誰かに頼んだ場合、あなたの仕事を代わりにやってくれているわけです。ですから、その仕事の重要度に応じて、自分の部下や関係部署に仕事を割り振ることも、あなたの生産性アップに重要となります。重要な仕事をやっている人と、単なる事務の仕事をやっている人では、当然給料も違ってくるわけです。あなたが単なる事務の簡単な単純作業をやっていたら、あなたの時間単価からみたら割に合わないわけです。ですから、時間単価を意識しながら仕事を進めていくことも重要です。これも仕事力のアップにつながります。また、生産性のアップとなります。そして、会社全体から見れば、コストの削減となります。

ですから、1日は24時間ではないといえます。

あなたのやるべき仕事を足し算すると、1日30時間にでも40時間にでもなります。ですから、いかに効率よく分業体制でやっていくかということを考えます。そうすると、時間の管理戦略になって、この戦略をしっかり実行することで生産性が飛躍的にアップするということになります。

## 《9》スケジュール管理

スケジュール管理は、日々の仕事においても、生産性のアップに必要不可欠です。これに、週間スケジュール・月間スケジュールを立て、それに基づき管理していくことが重要です。私の場合、週間スケジュールは、1週間のスケジュールを前週末にｔｏ ｄｏ ｌｉｓｔとして書き出します。そのとき、大分類、中分類、小分類に分けて書き出します。そのベースとなるのがアポイントダイアリーです。私は長年ダイゴー社製のＡ５判のものを使っています。私の仕事には一番合っています。ところが東急ハンズに行くと、昨年まで使っていたＥ１３４８が廃版となりました。

そこで、今年は同じサイズでＡ５判のＥ１０４３を使用しています（１１００円＋消費税）。廃版となったＥ１３４８には週間単位の時間管理ができるようになっていました。しかし、Ｅ１０４３にはそれがありません。しかし、コロナ禍の為、在宅ワーク中心の現在、Ｚｏｏｍ中心なので、週間単位の時間管理は不要と思い、こちらでＯＫだと思っています。

なお、コロナ禍以前は、スマホでもスケジュール管理をしていましたが、Ｚｏｏｍ中心の現在はほとんど使っていません。

一方、月間スケジュールは、セミナーを中心に翌月分を決めておきます。それに私が主催する異業種交流会や他人が主催する異業種交流会、セミナー等を入れておきます。

数ヶ月先の重要イベントでも、スケジュールが分かっていれば、事前に書き込んでおきます。こうしておくとダブルブッキングがなくなります。

また、後から開催される重要なイベントが、予定を入れていたセミナーや異業種交流会等と重なってしまうことがあります。その場合は重要度を判断してキャンセルします。キャンセルするセミナーや異業種交流会等の主催者にはその旨連絡します。よくドタキャンをしたり、無断で欠席する人が後を絶ちません。私自身、異業種交流会の主催者の大変さを身をもって知っているので、キャンセルする場合には早めに連絡します。

# 時間を重要度と緊急度に分けて4象限に分類する

前著『あなたの営業力、伝える力10倍アップの極意』でもとり上げましたが、今回は仕事力という切り口でとり上げたいと思います。

仕事を緊急度と重要度に分けて4つの象限に分けて管理します。これはあなたから見ての4象限の分類です。

## 1番目：A緊急かつ重要

顧客からのクレーム対応、事故等、これは最優先で取り組む仕事で、誰もが分かる仕事です。このとき求められる仕事力は、その緊急事態を会社に最小限の損失で大至急対応する能力です。客先から緊急の大口注文を受注した場合もこれに該当します。いかに関係部署の協力を引き出して、目的を達成するかも仕事力の1つです。

## 2番目：B緊急でないが重要

例えば、自己啓発セミナーへの参加、読書、異業種交流会等。これらが当てはまります。ここにどれだけ時間を割くかで、あなたの将来が決まってきます。学生時代、麻雀に時間を浪費したことを前述しました。だから、三井物産入社後は、自己投資に1000万円以上かけ、現在も自己投資を続けています。

私の人生を大きく変えたのは異業種交流会への参加でした。カナダから帰国した1984年に初めて異業種交流会に参加しました。当時、新設の情報産業部門に異動が決まっていました。その為に情報感度を磨くことと、新たな人脈を求めて積極的に異業種交流会に参加しました。

最初に参加したのが、経営コンサルタントの大西啓義氏主催の火曜会という朝食会でした。ここから別の異業種交流会に参加するようになり、全部で50以上の異業種交流会に参加することになりました。当初の目的の通り、情報感度を磨き、多数の人脈ができました。そして、私の人生を大きく変えることになりました。

もし、異業種交流会に参加していなければ、私は三井物産を早期退職せずに、定年まで三井物産に勤めていたかも知れません。

### 3番目：C緊急だが重要でない。

例えば、上司から緊急の業務命令。あなたが優先している仕事に集中しているのに、上司からこのような指示があった場合です。これは上司と仕事の内容を話し合います。そして、現在のあなたの仕事と上司の緊急指示の仕事とどちらを優先するかを話し合います。

〈時間を４象限に分ける〉

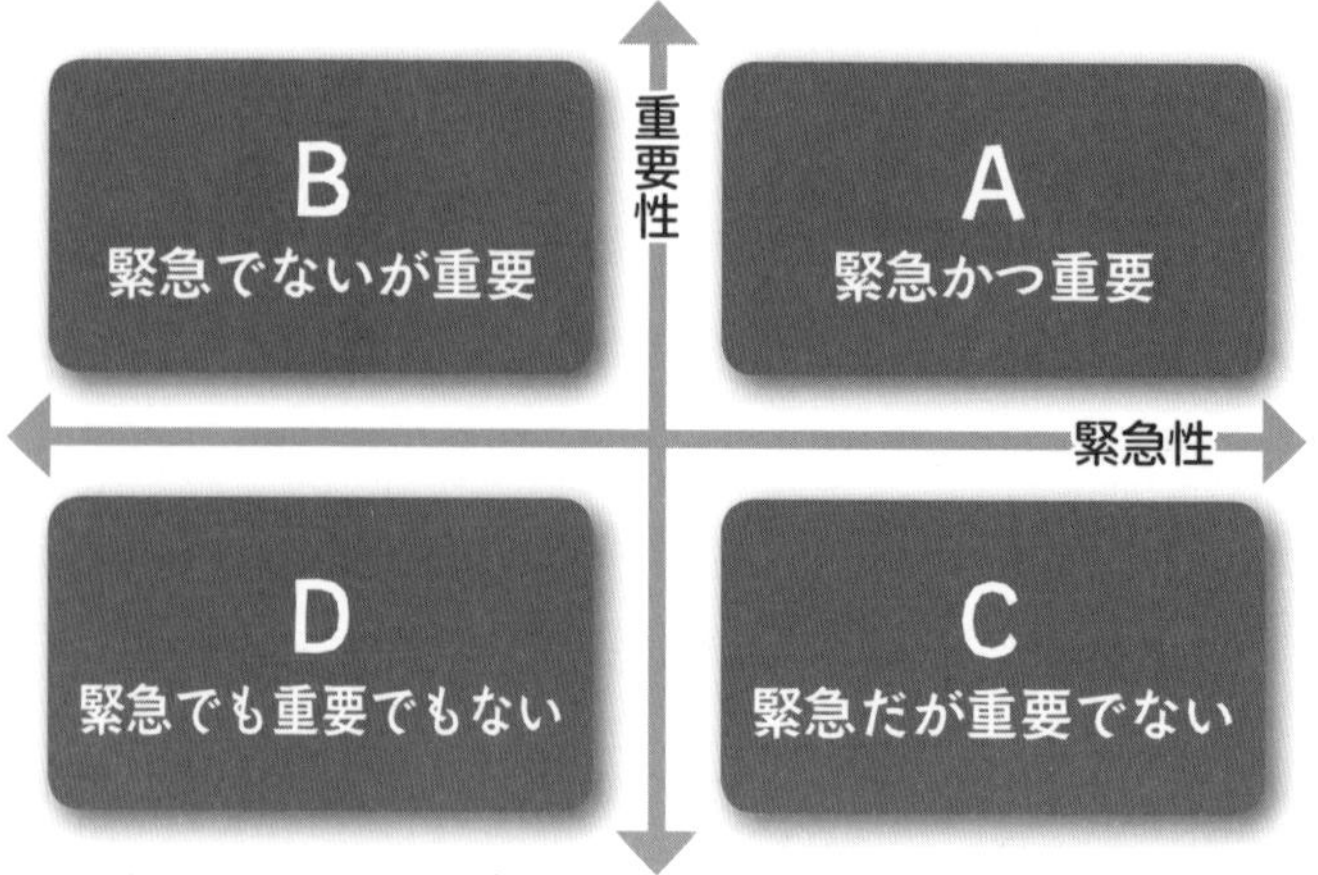

## ― 秘書からコピー取りを断られました ―

カナダ三井物産カルガリー出張所に勤務の頃、夕方に私の秘書ジョーンにコピーをお願いしました。すると彼女は、「今日は夫のピーターとデートなの。退社間際にコピーを頼むなんて非常識」とたしなめられました。日本とカナダのカルチャーの差を感じた瞬間でした。

私にとってはコピー取りは緊急でしたが、秘書にとっては夫とのデートの方が重要と判断したのですね。

## ４番目：Ｄ緊急でも重要でもない

例えば、電話でのセールスや、不意の訪問者です。電話のセールスの場合、私の携帯電話にかかってきた電話は大半が０１２０で始まるフリーダイヤルです。その瞬間、電話に出ないようにしています。なぜなら今やっている仕事のペースを乱されるからです。

突然の来訪者には、せっかく私に会いに来たわけです。相手との人間関係と現在の私の仕事の状況により、対応を変えています。

但し、それほどの重要人物が訪ねてくることはまれなので、基本的には事務所の入り口であいさつ程度の対応に止めます。

また、現在はｗｉｔｈコロナ時代で在宅ワーク中心です。１日中自宅の仕事部屋にいます。その場合の息抜きは、郵便ポストに郵便物を投函したり、マンションの１階にあるポストに郵便物を取りに行ったりします。目の前にある休憩室で郵便物を見ながら息抜きをしています。また、昨年買ったマッサージチェアにかかりながらティータイムでリラックスしています。

この息抜きは仕事の能率を上げるために必要なので、適宜時間を確保しています。

ｗｉｔｈコロナでリモートワークの人も多いと思います。だからこそ仕事の生産性を要求されます。従って、この緊急でも重要でもないことに時間をかけ過ぎて、生産性を落としていると、年度末の人事考課に影響します。ここを意識しながら、自分をコントロールすることも大切といえます。

# 効率・効果的な仕事の進め方

## 《1》報連相の重要性

野菜のほうれん草を文字って「報連相」とよく言います。報告、連絡、相談を縮めて「報連相」となりますが、ポピュラーな言葉になってきました。

### ①報告

自分の上司もしくはお客様に対して報告するということです。管理部門から、様々な資料を要求されたりしますがこれも報告です。また、お客様に対して、契約通り期日通り、必要の都度報告することもこれに該当します。

社内の報告は滞ることも結構あります。私の場合、提出期限をきちんと守っていました。これがルーズな人は社内関係者に影響を与えます。社内の生産性にも影響します。報告が遅れたため、取り纏める部署は残業して部門長への報告をせざるを得なくなります。残業代が発生し経費の無駄遣いにつながります。

三井物産在職中、営業報告を上司にしていましたが、まだ手書きの日報の時代でした。私は直ぐに書く習慣にしていました。直ぐ書く事で、客先訪問した内容をより正確に書くことができます。その情報を上司と共有できるわけです。日報を書く時間がないときは、口頭で報告し、後で日報を書くようにしました。

私は上司から常々「悪いことから先に言うこと。何かトラブったら、そのトラブルを直ちに報告せよ。良いことは後でも良い。時期に伝わってくる」と言われていました。これは重要なコトです。

もし部下が、都合の悪いことを隠していたら、いざというときに対応が遅くなります。その結果、会社に多大な損害を与えることになります。隠蔽体質をなくし、風通しの良い組織にすることも上司の役割です。

これはリスクマネジメントですが、問題点とかトラブルが発生したら直ちに上司に報告する。社内にそういう空気・慣習ができていると、これはリスクマネジメント、つまり、大きな事故にはつながりません。そのような意味で、この報告するということは非常に重要です。昔は口頭とか手書きの報告書でしたが、現在はメールで報告すれば良いわけです。また、関係部署にＣＣを入れておけば、社内の風通しも良くなります。

風通しの良い職場にするには、部下が、都合の悪いことやトラブルを報告した場合に、叱らないことです。まず、その問題を把握し、いかに素早く解決するかを、上司・部下、そして関連部署と対策を協議します。特に顧客とのトラブルは迅速に対処する必要があります。それを怠り部下を叱れば、部下は都合の悪い報告を隠すようになります。

逆に、都合の悪い報告を隠して後で発覚した場合は厳しく叱ります。程度に応じて、減給も含め、厳重な対応をします。ここを甘くすると、都合の悪いことを隠すようになってしまいます。

## ②連絡

連絡とは関係部署や関係先に必要事項を連絡することで、対等な関係の場合よく使います。これをしっかりやると、客先への納期厳守につながります。

○月○日までに商品を納入する契約になっていたとします。途中で運輸部門に商品の納入が問題ないか確認しておきます。今はメールの時代なので、メールを1つ送れば良いので、昔と比べてずいぶん楽になり生産性も上がりました。メールを送る際に、知っておいて欲しい人にはCCを送っておきます。例えば上司にCCを送っておくと、上司は予定通り商品が配送されると理解し、安心します。もし、納期遅延になるようだったら、その対策はどうすれば良いのか、その上司の出番はあるのかも知りたいところです。情報共有により、生産性は上がることになります。

### ③相談

上司に対して仕事上の悩みとか不明な点を相談します。人間関係の悩みも相談です。問題が大きくならないうちに、相談して解決しておくことが好ましいです。日頃上司ときちんとコミュニケーションが取れていれば、問題も短時間で解決できます。また、経理・財務・運輸・審査等、専門的な知識が必要な場合には関係部署に相談に行きます。

報連相を日常きちんとやっているビジネスパーソンの生産性は高いです。これを怠っている人は、上司や関係者とのコミュニケーションがおろそかとなり、いざというときに対応が遅くなり、問題を大きくしてしまうことが多々あります。その意味で生産性を維持するためには報連相は極めて重要といえます。

## 《２》予習型の仕事習慣をつける

### ①スケジュール管理はアポイントダイアリーを活用

スケジュール管理は、アポイントダイアリーとｉＰｈｏｎｅです。年間で分かっている行事等は、前年にアポイントダイアリーを購入したときに記入しておきます。こうしておくと翌年１年間の流れを俯瞰できます。昨年まではダイゴー社のアポイントダイアリー（Ａ５版　Ｅ１３４８）が週単位のスケジュールを書き込め、フル活用していました。しかし、廃版となって締まったため、今年からは同社の同じＡ５版　Ｅ１０４３を使っています。

Ｅ１０４３は、Ｅ１３４８の週間スケジュールを無くしたモノと気づきました。コロナ禍以来、在宅ワーク中心の生活なので、月間単位のスケジュールも、きちんと管理できることが分かり、今年からこちらを利用しています。

なお、スケジュール管理はｉＰｈｏｎｅとのダブル管理をしています。

外出先で、新たなアポが決まることも多いので、先にｉＰｈｏｎｅに入力し、帰ってからスケジュール帳に転記します。こうすると、スケジュール管理がスムーズに行き、ダブルブッキングがなくなります。

しかし、昨年のコロナ禍以降、ｉＰｈｏｎｅでスケジュール管理するニーズがないので、現在は外出時に訪問先住所を入力し、訪問先の場所を調べるのに活用している程度です。

## ②翌週のｔｏ ｄｏ ｌｉｓｔを作成する

翌週のｔｏ ｄｏ ｌｉｓｔは、今週のリストがベースとなりますが、翌週のスケジュールも参考にしながら記入します。こうすることで翌週の仕事の段取りがはかどります。また、必要に応じて１日のｔｏ ｄｏ ｌｉｓｔも作成します。

## 段取り力をつける

段取り力の巧拙により生産性が全然変わります。また、トラブルの発生も未然に防ぐことができます。これは立場や部署によって異なりますが、基本は同じなので、私の営業パーソンの例を参考にあなた独自の段取りをしてみたらいかがですか。

段取りとは、表面には表れないけれど、あなたが営業パーソンとして、お客様に責任を持ち、誠意をもって対応することで、信頼され、その結果営業力がアップしていく重要項目です。段取りは様々な場面で必要とされます。

### 《1》アポ取りからプレゼンに至るまでの段取り

#### ①誰が誰に何の目的で会うのか

面談の趣旨や重要度により出席者が変わる。上司、社内関係者、取引先等も参加する場合は、相手の都合を2～3聞いておき、関係者と至急連絡を取り都合の良い日を決める。ここでアポの日を直ちに決めることです。長引かせると相手にも迷惑をかけることになります。なお、重要な会議の場合、上司の参加も伝え、相手のキーパーソン（意思決定者）の出席を依頼することも重要です。

また、アポの日取りが先の場合、メールで日程の再確認をしておくこともドタキャン防止になります。確認メールが来ない場合には電話で確認しておくことです。本人が不在の場合には、アシスタントの女性に確認メモを渡すように伝言することもポイントです。

### ②コミュニケーションの重要性

同行者に面談の趣旨を伝え、事前に都合を聞いておく。特に意思決定を伴う商談の場合、決裁権者の同席が必須となります。

### ③プレゼン

プレゼン・ペーパーを作成し、あらかじめ上司の了解を取り付けておく。また、上司が出席する場合、必要に応じてどの部分で発言してもらうのかを事前打ち合わせをしておく。なお、プレゼン・ペーパーは何部必要なのか、事前に確認しておくことも大切です。

## ④待ち合わせ場所

自分の会社の上司なら構わないが、取引先、外注先の同行が必要なら待ち合わせ場所を予め確認しておく。できたら現地集合より、最寄り駅の改札口がベターです。その場合、何番出口まで決めておくことが大切です。待ち合わせ時間は、顧客の場所までの歩く時間の＋５～10分程度考慮しておくといいです。大企業の場合、受付から会議室まで５～10分もかかる場合もあるので、その場合更に余裕を持つ必要があります。特に初めて行く顧客の場合、更に余裕を持っていくといいでしょう。なお、現地まで同行することで当日のミーティングのすりあわせ等もできます。

また、社外の人間が同行する場合、携帯電話番号をお互いに確認しておき、何かあったら、連絡を取り合うことも大切です。電車の遅延等は、ＬＩＮＥやショートメールを送る人もいますが、見ていない事もあるので、緊急時の場合には携帯に電話することが重要です。なお、訪問先はあらかじめＹａｈｏｏ！等でマップを確認しておくことも大切です。

## 《2》商品の納入

### ①納期確認

納期が１ヶ月以上先の場合、途中経過を伝えることが重要です。メール１本、「納期通り順調に進んでいます」と送れば、相手は安心します。これをやらずに、納期間際になって「若干遅れます」では、信頼関係の失墜となります。

### ②関係者との連絡

納期通り経過が順調であるかどうか、社内関係者、取引先、外注先とコミュニケーションをとることは大事です。

## 5 仕事を通じて習慣化を図る

習慣化の原理原則に関しては、『あなたの営業力、伝える力10倍アップの極意』でも解説しました。当然優秀な営業パーソンになる為には仕事力は必要不可欠です。本書では仕事力の切り口で説明したいと思います。

### 《1》習慣化は生産性アップにも重要

仕事は習慣化することで楽に仕事ができるようになります。ですから、仕事の効率・効果を図る基本は出来事の習慣化です。これができてしまえば仕事が非常に効率良く・効果的に進められる事になります。

例えば、自分の上司から「これいついつまでに、この仕事をやるように」と指示が来た時に、その上司に対して、「いや、これ面倒くさいからできません」なんてことは言えません。ですから、その上司からの指示に従って、仕事をやっていくわけです。それをずっと繰り返しやっているうちに習慣化してきます。ただし、この習慣化も良い習慣と悪い習慣があります。

例えば、パソコンのキーボード入力。これを未だに人差し指でやっている人がいます。当然生産性が落ちます。キーボード入力はブラインドタッチが当たり前の時代です。もしそれができていないなら、パソコンスクールに通って、キーボード入力をできるようにしておかないと、周りから取り残されます。当然、上司の査定は悪くなります。

今後ＡＩがどんどん進んでいきます。仮にブラインドタッチができたとしても、今後はＡＩにとって代わられることになります。従って、もっと高次な判断業務ができるように、常日頃レベルアップしておくことも重要です。

なお、私の場合、ＬＩＮＥのやりとりは、基本的にはパソコンを通じて行います。外出中に電車内でスマホを使わざるを得ないときは、急ぐものだけを、短い文章で対応しています。長い文章は時間がかかるので、帰宅してパソコンから送るようにしています。

## 《2》習慣化原理の思わぬ落とし穴

習慣化は、仕事を効率化し生産性アップに貢献する一方、同じ思考回路が出来上がっていきます。その結果、思い込みのミスというものが発生することがあります。そのような場合、思い込みによるミスに気づき、反省して、次はミスを犯さないようにしようと心がけることが大切です。それを怠ると、思い込みによるミスを繰り返し起こすことになります。

その際の姿勢としては、人の話を素直に良く聞くことです。人は社会経験が長くなるに従い、素直さがだんだんと失われていきます。

だから大企業では定期的に人事異動して、異なるものの考え方や仕事のやり方を学ぶわけです。

中小企業の場合はそのような人事異動が少ないですが、取引先とのコミュニケーショントラブルで自分の考え方と異なることを学んだりしています。そうやって思い込んだ習慣を変えていくことになります。

そして、新たな考え方を身につけ、習慣化して、仕事力をブラッシュアップしていきます。この繰り返しにより、仕事力や生産性が螺線階段を上るようにアップしていきます。そして、より高次な習慣となっていきます。

## 《3》習慣化とマンネリの打破

仕事の習慣化のもう1つの落とし穴として仕事のマンネリ化があります。従って、マンネリの打破が必要となります。

会社に勤めると定期的に人事異動があります。大企業の場合には、同じ職場に長くいると、次第にマンネリ化してしまいます。そして、習慣化していきます。そのマンネリ化が習慣化していきます。そこで人事異動により、新しい職場で新しいカルチャーとか仕事のやり方とかを覚え、マンネリ化を打破していくわけです。

私の場合、三井物産在職中の25年間で概ね3年おきに10箇所の職場を経験しました。新しい職場に異動する度毎に、それぞれの職場のカルチャーを経験しました。仕事のやり方も違います。考え方も違います。そこでいろいろなことを学びました。だからマンネリ化に陥ることはありませんでした。

三井物産に25年勤務して48歳の時に早期退職しました。

その後も、ＭＬＭ、経営、販路開拓、中小・ベンチャー企業経営コンサルタント、Ｍ＆Ａ、出資等様々な仕事をやってきたので、多角度で物事を見るという習慣がつき、絶えずマンネリ化を打破してきました。

かくいう私自身も、当然、習慣化することもありますし、思い込みの部分もあるわけです。それは、先ほども述べたとおりです。そこでいろいろな方からのアドバイスや意見を素直に聞き、その見解を取りに入れて、習慣化をさらにブラッシュアップしていくことが、大切ではないのかと思っています。

その結果私は、三井物産の職場10箇所を経てリタイアした後も、さらにいろいろな仕事に携わることで、多角度で物事を見るという習慣がつき、絶えずマンネリ化を打破することができました。

しかし、習慣化とマンネリ化打破には終わりがありません。これで終わりと思ったらそこで成長が止まります。

やはり、いくつになっても素直さが大切です。素直さを失ったとき、人間の成長は止まります。

Coffee Break

## ―10年日記は記録の宝庫―

私は30年前から10年日記をつけています。4行程度の日記なので、3日坊主とならず現在まで続いています。

今年から4冊目の10年日記となりました。過去のことはほんの数行しか書いていませんが、そのときの状況が手に取るように浮かんできます。

過去3冊の10年日記は皆出版社が異なりました。今年は、最初に使用した石原出版社に戻しました。10年日記で一番の実績を誇る会社です。細かい配慮が他社と違います。

例えば、4行で書き足りない場合、追記欄があります。そこには2つ目の付箋とじが付いています。たったこれだけのことですが、他社製品は付いていません。だからほとんど追記をしていません。ところが今年からはほぼ毎日のように追記をしています。

また、昨年途中から単に出来事を記録するだけでなく、その日に感じたことや気づき等も入れることにしました。但し、前回の日記は重すぎて、追記するのが面倒のため、ほとんど追記していません。前回の日記は毎日花の絵があるので、楽しませてくれます。しかし、日記のページが石原出版社の倍もあるので、非常に使いづらかったです。

２冊目の10年日記の表紙はぼろぼろになってしまいました。

１冊目の石原出版社の日記は、きれいな背表紙のままです。これを後３冊並べると、30年分の日記となります。そしてこれが私の人生史の代わりにもなります。そう思うと毎日日記をつけるのが楽しくなりました。

# 6 その他仕事力をアップさせる極意

## 《1》ファイリングの重要性を認識し、実践すると仕事能力がアップする

毎朝『ドラッカー365の金言』（上田惇夫訳　ダイヤモンド社）を読み、仕事の参考にしています。これは日めくりカレンダーと同じで、エンドレスで活用できます。

本日の金言は、「集中する為の原則」として「生産的でなくなった過去のものを捨てること」です。

第一級の資源である人間という希少な資源を、昨日の活動から引き上げ、明日の機会に充てなければならない。

意識して体系的に廃棄しなければ、組織は次から次へと仕事に追われる。

あまりに僅かな企業しか昨日を捨てていない。
あまりにも僅かな企業しか明日の為に必要な資源を手にしていない。

これがドラッカーの有名な「体系的な廃棄」です。

私自身、昨年末に机周りをかなり整理し、不要と思われるファイルを破棄しました。これは同時に仕事の整理も意味します。また、ファイリング方法も一部変更しました。これは「生産的でなくなった過去のものを捨てること」を意味します。机上及び机周りの使い勝手が格段に良くなりました。これにより本箱がすっきりし、本箱がすっきりすると頭の中もすっきりしてきます。その結果、仕事が俄然はかどってきます。そして、時間の使い方にも余裕が出てきます。

一方で、新しい商材も持ち込まれ、今年はそちらにも時間を使っていきます。

さらに、新しい仕掛けも考え、それを実践することで、頭の中で考えていたことが実現可能なのかどうかもチェックしていきます。

本日のドラッカーの金言は実に重みがあり、これを実践するだけで目に見えて成果が出てくるので納得しています。

## 《2》パソコン画面のアイコンを見るとその人の仕事力が分かる

ＩＴ時代が進み、書類の数が圧倒的に少なくなり、ペーパーレスの時代となりました。しかし、ペーパーレスの時代となっても、紙の時代をそのまま引きずっている人は多数います。それはパソコンのディスプレイ画面を見れば一目瞭然です。ディスプレイ画面のショートカットファイルまたはフォルダーがただ漠然と表示されている人を多数見受けます。頭が整理されていないのが一目瞭然です。

私の場合、ディスプレイ画面最上段には、一番頻繁に使うメールのショートカットを、ビジネス用とプライベート用で表示しています。その下には、必要に応じてフォルダーを表示しています。

次に、頻繁に使用するファイルは、そのファイルを表示しています。また、使用頻度の高いフォルダーやファイルは最下段に表示するようにしています。

フォルダーやファイルは2列で表示しています。これ以上になると画面が見づらくなります。使用頻度が低くなったファイルは削除します。そのファイルはフォルダーの中から検索すれば良いからです。

一方、ディスプレイ画面の右側2列にはＧｏｏｇｌｅＣｈｒｏｍｅ、住所管理ソフト筆王、ホームページビルダー、ＦＴＰ等アプリケーションソフトを中心に表示しています。自分の作成したフォルダー、ファイルとそうでないものを画面の左右に分けることで、頭がすっきりします。

画面の最下段のツールバーには、Ｗｏｒｄ、Ｅｘｃｅｌ、ＰｏｗｅｒＰｏｉｎｔ、ＡＴＯＫ、ＬＩＮＥ、Ｚｏｏｍ等頻繁に使うソフトを表示しています。これだけでも仕事の生産性は良くなります。

## 《３》細分化の原理

私の出来事の中で大きいのは出版事業です。１冊書き上げるのに１００時間はかかります。従って、１度に書き上げることはできないので、作業を細切れにして出来事管理をしています。

①本書の場合、ＤＶＤ起こし、これは外注化しています。

②過去のブログ『マーキュリー通信（ココログ）』をｃｏｐｙ＆ｐａｓｔｅして、１つのファイルを作ります。

③文字起こししたＤＶＤの文章を章立て、目次化します。

④加筆修正

⑤１５０回以上に及ぶブログ『マーキュリー通信』を、どの目次に当てはめるかチェックする。該当しない場合には、新たな目次を追加する。私は原則毎日メルマガを書きますが、同時にブログ『マーキュリー通信』にも投稿しています。出版にはブログを利用します。

⑥書籍の契約ページ数は２２０ページです。原稿はＷｏｒｄで書きます。ワードの文章は、１３０~１４０ページを目安に書きます。これにパワーポイントの図表を加えて出版するとなると、Ｗｏｒｄの文章1.5倍程度に膨れあがります。

このとき、目安のページ数を超えると、『マーキュリー通信』の数を絞ります。また、著者から読者への直送はスマートレター（１８０円）を使っており、厚さ制限２㎝以下となっています。２２０ページを超えると郵送費用が３７０円に跳ね上がるので、ページ数を抑えています。

## 《4》ミスを無くすコツ

### ①他人にチェックしてもらう

一人の目では全て正確にチェックが行き届かなくなります。特に出版の場合はそうです。そこで出版社にチェックをしてもらい、校正ミスを無くすようにしています。

弊著『Ｂｏｂ Ｓｕｇａｙａのあなたの英語力10倍アップの極意』の読者からの返信はがきの宛先が、菅谷信雄のところが管谷信雄と竹冠になっていました。菅谷の菅は竹冠ということは絶対にありません。手書きの場合には、よく竹冠で書いてくることがあるのですぐに気づきます。ところがカナ漢字変換では、プログラマーのミスで竹冠もありにしてしまっていることに気づきました。これは返信はができあがってから気づきました。だから、カナ漢字変換ソフトもプログラマーの語彙能力に負うところがあるので、気をつけなければいけないとそれ以来気をつけています。

Coffee Break

## ― 他人にチェックしてもらうことの重要性 ―

三井物産の石炭部で仕事をしていたときのことです。電力会社とカナダ炭の長期契約が実現しました。私はそのとき長期石炭供給契約書を英文で作成していました。上司のチェックも入り、何度も何度も契約書を書き直しました。そしてやっとできあがりました。

途中でも契約書に不備がないかをアシスタントの女性と何度も何度も読み合わせました。しかし、最終ドラフトでこの確認作業を怠りました。その為、重要なセンテンスが飛んでいることに気づきました。実際の調印式の直前のことでした。私は直属の上司に赤っ恥をかかせてしまいました。

このとき深く反省し、文書の類は複数の目でチェックをする重要性を身にしみて経験し、以後複数でチェックする習慣をつけています。特に契約書等重要な文書であればあるほど、何度もチェックを入れるようにしています。

### ②一晩寝かす

ビジネス文書を書く際、一晩経ってからもう一度見直すと、新たなアイデア、文章等が湧いてくることがよくあります。特に重要文書の場合、そのような習慣づけをしています。重要文書の場合、社外に出たら、それが書いたモノとして重要な意味を持つので、特にそうしています。「一晩寝かす」ことで、殆ど手直しとなります。

## 《5》各種小道具の活用

### ①備忘録の活用

私は不要となったＡ４用紙の裏を４つに切って、メモ用紙として使っています。メモ用紙は事務用イスのすぐ後ろに備えています。従って、何かひらめいたらすぐに取り出してメモを取ります。必要に応じ、グーグルで検索して情報を仕入れます。また、メルマガ『マーキュリー通信』の題材としても頻繁に利用しています。

②不要となった名刺の裏の活用

外出時には、スーツやジャケットのポケットに不要となった名刺を入れておきます。歩行中や電車内等で何かひらめいたら直ぐにメモを取る習慣をつけています。メモしておけば、いちいち記憶しておくこともなくなります。

〈その他仕事力をアップさせる極意〉

| 名刺整理術 | ファイリング | 細分化の原理 | ミスをなくす工夫 |
| --- | --- | --- | --- |
| ・名刺の分類<br>・重要名刺<br>・その他名刺 | ・紙ベース<br>・パソコンのディスプレイの管理<br>・机周りをいつも整理整頓 | ・出来事管理<br>・大中小に細分化 | ・一晩寝かす<br>・他人にチェックしてもらう |

この作業をしないと、その場で思いついたことはやがて忘れることの方が多いので、貴重な情報源となります。

## ③ポストイットの活用

読書するとき、熟読用の本にはポストイットを貼ります。

４色の色を使っています。

赤色は重要事項、黄色は注意事項、青色は事実、緑色は前向きな情報と使い分けしています。後で見るときに、色で直ぐに見分けできるようにしてあるので便利です。

## ④外出時に忘れ物をしないための呪文

私自身、外出時に結構忘れ物をすることがあります。

それを防止するために、外出時に、

「さっさ、かきくけこのまめがはんていぼ」

という呪文を唱え、忘れ物がないかを確認してから出かけます。

さ：財布
さ：サプリメント
か：傘
き：キー（部屋の鍵）
く：くし
け：携帯電話
こ：小銭入れ
ま：マスク
※ｗｉｔｈコロナの時代なので
マスクを加えました
め：名刺
が：眼鏡
はん：ハンカチ
てい：定期（スイカ）
ぼ：ボールペン

**●忘れ物をしないための呪文を唱える**
**「さっさ、かきくけこ、まめがはんていぼ」**

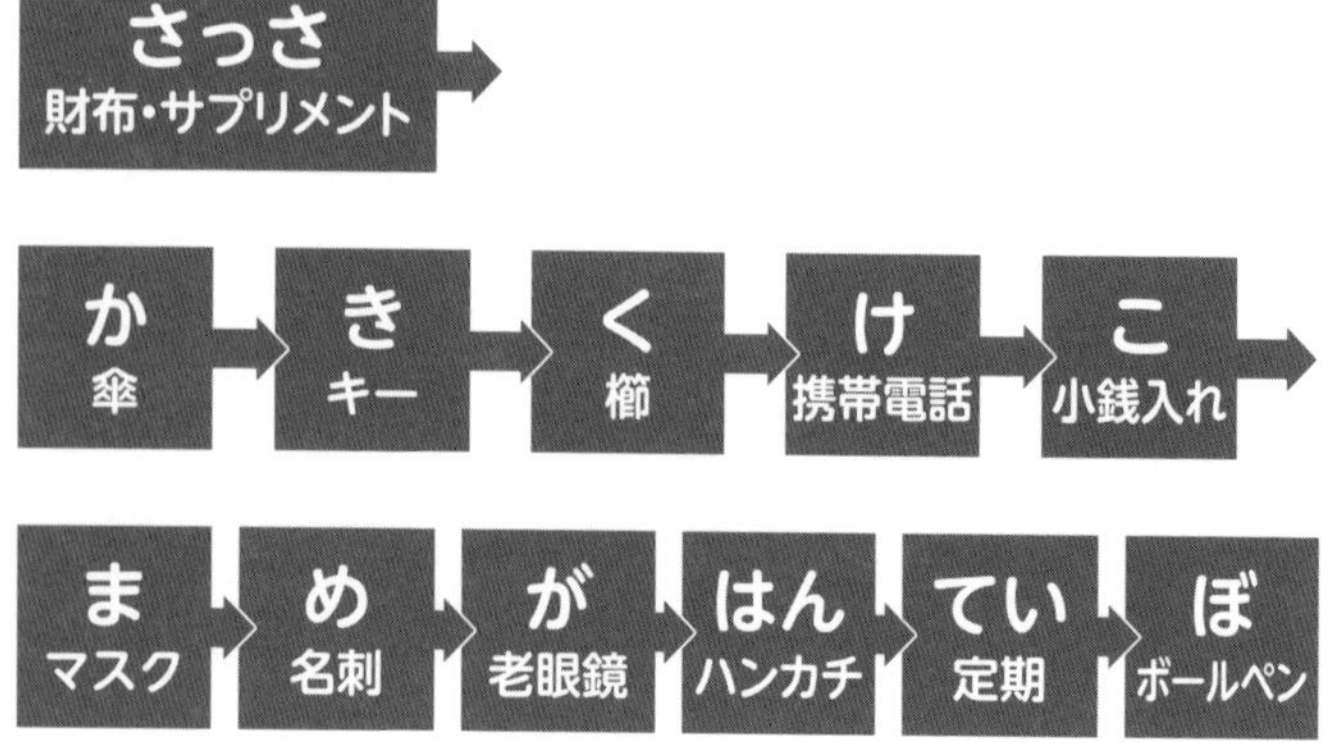

## ⑤立ちながら仕事をすると視野が広がる

先日健康番組で、日本人は世界一座る時間が長く、平均７時間座っていると知りました。血液の滞留につながり健康に良くありません。

在宅ワーク中心の私にとって、これは遺憾だと思い、最近電話をするときは立ちながらすることにしています。

すると、机脇の本棚の中断と上段が目に入ってきます。

これまでは視界に入ってませんでした。

本棚の上段には、10年日記を４冊並べました。

ここには私の30年分の個人史が詰まっており、何年前の今日の自分は何をしていたのだろうとふと思ったりすると、気軽に過去の自分の記録を見ることができます。

また、上段に置いてあるファイルや本にも目が行かないので、ほとんど活用していませんでした。

現在は、上中下段全ての棚に目が行くようになり、ファイルを移動し、より効率的に仕事ができるようになりました。

## 《6》与信管理の社内体制をしっかりしておくことが生産性のアップに繋がる

### ●与信管理の重要性をトップ自らが認識する

与信管理も重要な仕事ですが、とかく後ろ向きに捉えられがちです。しかし、常日頃与信管理をしっかりとしている会社は、不良債権の発生を最小限に抑え、回収率も高いといえます。

もし、不良債権が発生したら、その回収のために、余計な時間が取られます。しかも、トップを始め関係者全員の時間を奪うことになり、生産性の大きな低下となります。従って、経営者自らがその重要性を認識し、社員にも徹底しておくことが極めて重要です。

与信に関しては、売買両方に関係しますが、販売先の受注活動には営業マンは熱心なのですが、売掛金の回収には、意外と関心が低いのです。売掛金の回収（中小企業なら社長）は経理の仕事くらいに思っている営業マンもいるくらいです。経理の仕事は、あくまでも売掛金が期日通り入金しているかどうかのチェックであり、期日通りきちんと入金するかどうかは営業マンの仕事です。

買掛金の支払いに関しては、ルーズな企業も結構あります。支払いを忘れていて、平気な会社もあります。その場合、単にルーズなのか、資金繰りが厳しいせいなのかを見極めるのも営業マンの仕事であり、経営者の仕事であります。

さて、ＩＴ時代の今日、取引先を訪ねず、電話やメールで仕事をついついしてしまいがちです。しかし、どんなにＩＴが発達しようが、営業の基本は取引先の経営者も含めた、人間関係をベースとした信頼関係が全てです。取引先を訪問することで、その会社の最新の経営状況を把握することができます。

一方、買いの与信に対しては関心が低いことが多いようです。

以前、大手銀行を脱サラして会社を立ち上げた経営者がいました。そのＥ社を訪問すると、40坪程の事務所に、豪華応接セットと最先端の什器備品が置かれていました。スタッフは、社長と２名ほどの陣容でした。Ｉ社長とビジネスの話をしていて、同社はこれから新規事業を立ち上げるところで、まだまだ殆ど実態が無い状態でした。Ｉ社長から代理店を勧められましたが、同社は直に経営破綻するだろうと読んで、同社と取引をしませんでした。なぜなら、同社が破綻していた場合、当社の取引先に迷惑をかけることになるからです。案の定、E社は数ヶ月で資金繰りの目処が立たずに、事務所は閉鎖となりました。

先日、取引先のC社が、見積内容の商品を出せずに、当社の顧客から大顰蹙を食らいました。C社のF社長に問い合わせると、まさか注文をもらえるとは思わなかったとの回答です。もちろん今後は、C社の商品を紹介することは怖くてできません。経営者がこのような態度なら安心して取引ができません。

これが買いの与信です。

企業は生き物です。日々の営業活動を通じ、受注活動だけでなく、取引先の与信情報をしっかりと把握しておくのも優秀な営業マンです。

なお、与信が心配のない大手企業の場合、請求書の発行タイミング等をきちんとチェックしておくことです。これを怠ると、締め日に間に合わずに、支払いが翌月回しにされることもあるので、金額が大きい場合、初回取引の場合には細心の注意が必要です。

# 7 健康管理

## 《1》予防医学の実践

仕事の能率や効率を下げないために、健康であることは重要です。これは誰もが判っていることです。しかし、なかなか自分の健康管理をきちんとしている人は少ないようです。体調が優れないと、仕事をやる意欲が低下します。

最近は、厚労省も健康経営の重要性を認識し、大企業を始めとして健康経営に取り組む企業が増えてきています。しかし、健康経営は中小企業の方がより重要です。なぜなら少人数で人員をやりくりしており、もし、誰かが病気で長期休業した場合、その影響は大企業より大きいからです。

今後益々高齢者社会となり、従業員の定年延長が65歳は当たり前となり、更には70歳まで義務化しようという動きが政府内部であります。高齢者になればなるほど疾病リスクは高まるわけですから、企業のみならず本人自身も健康に気を遣う重要性が増しています。

「健康管理」のキーワードは、予防医学と免疫力・抵抗力のアップです。その為、規則正しい生活習慣、バランスのとれた食生活、食事で補えない場合にはサプリメントで補給しています。

私の場合、のどが弱く、のどが炎症して風邪になることが多いです。そこで、毎朝起きると生姜の粉とはちみつを、ハーブティーに混ぜてうがいしています。すると自然とのどのいがらっぽさも消えていきます。

## 《2》ストレスを溜めない

次にいつもストレスを溜め込まないようにしています。その為に、いつも心を平静に保つようにしています。私自身毎日健康維持のために、心身両面にわたる健康管理を実行しています。

夜は、湯船にゆったりとつかりながら、その日一日に起きたことをクラシック音楽を聞きながら、反省します。そして、ストレスを溜め込まないようにしています。明日に持ち越さないようにすると、ぐっすりと眠れます。

夜の酒の席、異業種交流会等結構ありますが、基本的には2次会には参加しません。2次会に参加すると、どうしても翌朝に影響します。そして、疲れを引きずることになります。

一方、私の健康にとって最大の敵はタバコの煙です。タバコの煙で咽をやられ寝込むことが多く、タバコの煙は私の日常生活における最大のストレスです。喫茶店やレストランを利用する時も、禁煙席に座るようにします。最近は喫煙者が減ってきたので助かりますが、それでも、時々喫煙者と同席になります。そのような場合には、なるべく隣の席にいかないようにします。どうしてもだめなときは、帰宅してからショウガ湯でうがいをするなど、のどの健康には人一倍気を遣っています。

## 《3》毎朝の運動習慣をつける

朝起きてから、お祈りをしてから心を落ち着かせます。

その後、13階の我が家から1階まで階段を降りていきます。私が住むマンションは864戸の大規模マンションなので大きな庭が特長です。庭を1周した後に、1段おきに階段を上り18階まで上っていきます。18階から我が家まで降りていく階段の踊り場で、前方のB棟の建物を見ながら、眼筋トレーニングをしています。また、天気の良い日には富士山がきれい見えるので、雪景色の富士山を見ながら、眼筋トレーニングをします。

部屋に戻ってからは、真向法というストレッチを中心とした柔軟体操、ブルワーカーを中心とした筋トレ等を録画済みのDVDを見ながら1時間程行っています。これでエンジン全開となります。

## 《4》コロナ禍対策

昨年2月に武漢ウィルス（新型コロナウィルス）が発表されて以来、連日マスコミがコロナ禍の報道をするので、多くの国民は新型コロナウィルスに対し恐怖心を持っています。恐怖心は、免疫力の低下に繋がるので、良くありません。

私は、新型コロナウィルスに対しては、日本人の交差免疫説を唱える学説を支持しており、特に恐れていません。もちろん外出先から帰ったら手洗いの励行とうがい、鼻うがいは心がけています。新型コロナウィルスの場合、接触感染によりうつることがメインですので、特にドアノブや便器等には気をつけています。

万一感染した場合、持病を持っている免疫力の低い人や、高齢者は気をつける必要がありますが、致死率は極めて低いので、特に不安に思っていません。

第4章

# ＩＴ対応能力をｕｐする

# 1 ＩＴ３種の神器の重要性の再認識

10年前にＤＶＤで『あなたの仕事力10倍アップの極意』を発売したときは、本項の説明がかなり参考になったと評価頂きました。

しかし、あれから10年…。

今や３種の神器である、携帯・パソコン・インターネットを使いこなすのは、当たり前の時代になりました。しかし、年配の人で、未だに苦手という人もいますので、詳細は避けて、私が工夫しているところを中心に説明します。

## 《1》メール

私は基本的には携帯メールは使いません。

処理スピードがパソコンメールの方が10倍程度速いからです。処理スピードが遅いと、なかなか文章が出てきません。但し、外出時で急ぎの時は用件のみＬＩＮＥやショートメッセージを使います。

パソコンメールソフトはＢｅｃｋｙを長年使用しています。使い勝手がｇメールやＥｘｃｅｌメールより遙かに使いやすいからです。

また、ドメイン名は〝mercury-b.com〟を利用しています。これは会社としてｇメールより対外的な信用を持たせるためにそうしています。

## 《メルマガ『マーキュリー通信』より ―― 詐欺メールにご注意！ ――》

最近は詐欺メールが結構頻繁に届きます。これらの詐欺メールにまともに対応していると、引っかかり思わぬトラブルに巻き込まれる可能性があるので、基本は無視です。先日、私の所に下記メールが届きました。発信元のメールアドレスがアマゾンと異なるので、アマゾンに問い合わせたら、やはり詐欺メールでした。皆さんもくれぐれご注意願います。

**(1)アマゾンへのお問い合わせ内容**

メールアドレスからAmazon更新すると題して、下記メールが届きましたが、事実でしょうか。

【メール内容】sugaya@mercury-b.com 様　Amazonプライムをご利用頂きありがとうございます。お客様のAmazonプライム会員資格は、2019／03／13に更新を迎えます。お調べしたところ、会費のお支払いに使用できる有効なクレジットカードがアカウントに登録されていません。クレジットカード情報の更新、新しいクレジットカードの追加については以下の手順をご確認ください。

①アカウントサービスからAmazonプライム会員情報を管理するにアクセスします。

②Amazonプライムに登録したAmazon.co.jp のアカウントを使用してサイ

ンインします。

③左側に表示されている「現在の支払方法」の下にある「支払方法を変更する」のリンクをクリックします。

④有効期限の更新または新しいクレジットカード情報を入力してください。

菅谷信雄

## （２）アマゾンからの回答

〈カスタマーサービスからのお知らせ〉

Amazon.co.jp にお問い合わせいただき、ありがとうございます。

お客様が受け取ったEメールやSMSのメッセージは、当サイトから送信したものではありません。そのため、以下の行為はお控えいただき、受信されたメッセージは破棄していただきますようお願いいたします。

・メッセージへの返信

・本文に記載の電話番号への電話

・添付ファイルの開封

・本文に記載のＵＲＬをクリックして個人情報やクレジットカード番号などの登録

なお、当サイトではお客様の情報を外部に販売するようなことは一切行っておりませんので、ご安心ください。違法な業者が Amazon.co.jp や Amazon.com などの名前をかたってメッセージを送信するケースが報告されております。今後このようなメッセージを受信されましたら、カスタマーサービスまでご連絡くださいますようお願いいたします。

Amazon.co.jp からのＥメールかどうかの識別については、以下のヘルプページ

https://www.amazon.co.jp/gp/help/customer/display.html?nodeId=201304810&ref=blrb...

をご確認ください。

なおＳＭＳにつきましては、迷惑メッセージ対策として、各携帯電話会社では申告窓口を設置しています。同様のＳＭＳメッセージを今後受信しないためにも、ご利用の携帯会社の窓口へ受信したメッセージをご申告ください。

・Softbank　https://www.softbank.jp/mobile/support/antispam/report/

・docomo　https://www.nttdocomo.co.jp/info/spam_mail/if/sms/index.html

・au　https://www.au.com/support/inquiry/mobile/mail/

また、右記の携帯会社以外（格安スマホ／SIMなど）をご利用の場合は、受信したメッセージをブロック設定することをおすすめします。ブロックの設定方法はご利用のサービス事業者へお問い合わせください。

また、振り込め詐欺やフィッシング詐欺の被害防止対策に関する以下のヘルプページも併せてご確認をお願いいたします。

https://www.amazon.co.jp/gp/help/customer/display.html?nodeId=202029300

Amazon.co.jp にご連絡いただき、誠にありがとうございました。

Amazon.co.jp カスタマーサービス

## 《2》ATOK

マイクロソフトの単語変換ソフトはＩＭＥですが、私は長年ＡＴＯＫを利用しています。

単語登録をしておくと、次に変換するときに文章作成スピードが増します。一例を挙げると、ｍと入力して変換するとメールと表示されます。ｓを入力して変換すると菅谷信雄と表示されます。ｍｂと入力して変換すると、（有）マーキュリー物産と表示されます。ｍｔｇと入力して変換すると、ミーティングと表示されます。概ね1～3文字で単語登録しています。1文字の場合、登録単語が何度も出てくるので却って煩瑣となります。私の場合、ｍにはメール以外にメッセージ、ミッション、メリット、見積書、マネージャー等を入力しています。なお、頻繁に使わない単語を登録しても、忘れてしまいます。今ｍをチェックしたらマネジャーやメートルも登録されていました。これなど普段使わないので忘れてしまいました。

また、ｓｓ10を入力して変換すると、「あなたの仕事力・生産性10倍アップの極意」と表示されます。

こちらは一定のルールで単語登録しておくと忘れません。この場合、ｓは仕事、10は10倍アップの極意としておけば、この組合せで私の「10倍アップの極意シリーズ」を登録できます。

なお、登録は、**コントロールキー＋F7キー**で登録できます。

最近ATOKは、単語変換すると変換頻度の低い順に表示されます。これはストレスが溜まるので、ATOKに改善を求めたのですが、無視されます。毎年バージョンアップの案内が届きますが、こちらも無視しています。

ファンクションキーは全部で12ありますが、私が普段使っているのはF5です。これはウェブサイトをアップデイトした際に、F5を押すとアップデイトできます。他の機能は普段必要としていないので、また必要となるときに使えばいいと思っています。

## 《3》LINE／Zoomの活用

10年前はLINEとZoomには全く縁がありませんでした。しかし、今では必要不可欠なビジネスツールとなっています。

中高年のビジネスパーソンの中で、時々、LINEが苦手な人がいます。しかし、今時LINEを使えないと、時代から取り残されてしまいます。とにかく仕事をするならＬＩＮＥはコミュニケーションの必要手段として考えることです。分からないところは利用者に聞くことです。そして、「習うより慣れろ」の精神で接すれば、そのうち使いこなせるようになります。私もそうしました。

一方、Ｚｏｏｍですが、10年前はスカイプを利用していました。しかし、最近スカイプは話題すら出ません。すっかり主役の座をＺｏｏｍに奪われたようです。

私も昨年ゴールデンウィーク前までは１ユーザーとして使っていました。

しかし、コロナ禍以降、ビジネス上で私がセミナー講師やプレゼンターとして使用することが必要となってきました。そこで、ビジネスフレンドにＺｏｏｍのやり方の教えを乞いました。最初は１人を相手にしていましたが、徐々に人数を増やし、最高で４００名超を相手にプレゼンを実施しました。回数も１００回以上こなし、使いながら自分の武器としてきました。

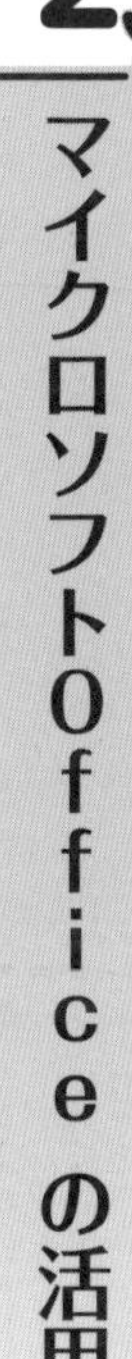

# 2 マイクロソフトOffice の活用

## 《1》Wordの活用

書状や出版物の原稿はＷｏｒｄです。一昨年から出版事業を再開したので、Ｗｏｒｄを使うことも多くなりました。その際に、知っておくと便利なテクニックを説明します。このテクニックはＥｘｃｅｌやパワーポイントにも使えます。

私が普段使っているコントロールキーをご紹介します。これに馴れると仕事の生産性が上がります。

・コントロールキー＋キーボードのA：

コピーしたい箇所をコントロールキー＋キーボードのAを押すと全ての文章が対象となります。

・コントロールキー＋キーボードのC：
次に全て選んだら、コントロールキー＋キーボードのCを押すことで、その部分をコピーできます。

・コントロールキー＋キーボードのV：
コピーで選択した部分を貼り付けてくれます。

・コントロールキー＋キーボードのX：これは選択した部分の削除です。

・コントロールキー＋キーボードのS：これは文章の保存です。

私は頻繁に文章を保存しておきます。なぜなら、パソコントラブルが発生して、せっかく作成した文章が台無しにあった経験を何度かしたからです。上記4つを一番使います。

・コントロールキー＋キーボードのF：
文章の中の検索したい文字を探すときに使います。

・コントロールキー＋キーボードのH：単語の置換に便利です。

置換には一部置換と全置換の2種類があります。

例えば、キーボードをキーワードに変えた場合、置換前の単語がキーボード、置換後の単語にキーワードと入れておくと、変換してくれます。一部置換の場合は、１つ１つ置換していきます。一方、全置換は、その中の文章全てを置換します。

ここで注意しなければいけないのは、全置換の場合文字通り全て置換してしまいます。私には苦い経験があります。『Ｂｏｂ Ｓｕｇａｙａのあなたの英語力10倍アップの極意』の執筆中に、am pmをa.m. p.m.に全置換しました。すると、置換指定のスペルを含む全ての英単語が、全置換されてしまいました。例えば、American→A,m.erican、Sam→Sa,m,に置換されました。後で校正をかけましたが、見逃した箇所もあり、一部誤字となりました。なおpmのスペルはなかったので、助かりました。

- **コントロールキー＋キーボードのＬ：文字を左端に寄せる**
- **コントロールキー＋キーボードのＲ：文字を右端に寄せる**

まだ、他にもありますが、私が普段利用しているのは以上です。これを活用するだけでも文章を書くスピードが増します。

## 《2》Excelの活用

私はＥｘｃｅｌを一番活用しています。ここでは代表的な使用例を2つ書いておきますので、これにならってあなたもトライしてみたらいかがですか。

### ①ワークシートの活用

例えば、私は月報を書いています。Ｅｘｃｅｌのファイル名は「２０２１年月報」です。ワークシートを使ってまず1月からスタートです。2月は1月をコピーします。ワークシート名を2月に訂正します。２月のワークシートには、1月の月報が載っているので、これを見ながら2月の月報を書きます。以下同様に12月まで全部で12ヶ月分のワークシートを使います。

次に、毎月の利益管理です。Ｅｘｃｅｌのファイル名は、「２０２１年利益計画&実績」です。１つ目のワークシートは総合表計画です。次のワークシートは明細表計画を作成します。総合表と明細表の数字はリンクしています。明細表の数字を変えると自動的に総合表の数字が変わります。

これをｃｏｐｙ＆ｐａｓｔｅして、総合表予実、明細表予実というワークシートを作成します。予実とは、予想と実績の略です。

さらに、立替金というワークシートを作成します。こちらは総合表予実の経費目とリンクさせ、立替金の数字を入れると総合表の数字が自動的に変わるようにしています。リンクさせることで、数字の記入ミスを無くしています。

さらに、決算というワークシートを作成し、総合表予実のワークシートの数字とリンクさせます。決算のワークシートには、税務署への提出書類勘定明細、表4、表7、確定申告、同族会社というワークシートも作り、決算のワークシートと数字がリンクするようにしています。

私は3年間の経理経験があるので、決算書は税理士に頼まず、全て自分で作っています。これだけでも経費の削減と生産性のアップにつながっています。税務署への提出書類は、税務署の紙の所定フォームを使わず、全てＥｘｃｅｌに必要事項を記入して、税務署に提出しています。

Ｅｘｃｅｌの2つの活用方法を説明しましたが、この2つのやり方を理解すれば、後は応用が利きます。

## ②各種機能

前述したワークシートとワークシート間の数字のリンクです。これを一番活用しています。

次は、数式のＳＵＭ（合計機能）です。次に使うのは、コピー機能です。ＳＵＭを右隣の列にも使いたい場合、カーソルを右にコピーすればＯＫです。

また、数字１月を記入して、下の行を２月、３月にしたい場合、カーソルを右に置き、そのまま下にずらしていくと、３月、４月…と自動的に出てきます。

これは便利な機能なのでよく使います。

## 《3》パワーポイントの活用

昨年から書籍セミナーが多くなり、パワーポイントを使って、プレゼンテーション・ペーパーを作ることが多くなりました。

パワーポイントでよく使うのが、Ｓｍａｒｔ　Ａｒｔです。挿入をクリックすると出てきます。手順、階層構造、ピラミッド等カテゴリー別に分類されているので、必要なものを選択して使っています。

図形もよく使います。グラフも時々使います。主に棒グラブ、円グラフ、線グラフの３種類です。これらのソフトを使うコツは馴れるより馴れろです。使う目的さえ明確なら直に馴れてきます。

# 第5章

# MLMで成功する仕事力アップの極意

前作『あなたの営業力、伝える力10倍アップの極意』の第4章では「MLMで成功する伝える力」という切り口で解説しました。

本書では仕事力という切り口で解説したいと思います。MLMでも当然仕事力を要求されます。前作では、仕事として、セミナー会場確保、受付、司会、セミナー主催、会場整備、ハロートーク役、講師役、繋ぎ役、ホワイトボード消し係等様々な仕事があることを説明しました。一人で全てできるオールマイティの人もいれば、ごく限られた仕事しかできない人もいます。アップラインリーダーは、ダウンラインの各自の能力や性格を見ながら、役割分担をさせながら、各自の能力アップを通じ、人材育成をしていきます。

新規会員となった人は、最初は客人扱いされます。そのうちグループの雰囲気に溶け込むようになると、だんだんといろいろな仕事を任されるようになります。仕事を通じ、裏方役の大変さも理解するようになり、他人に対する感謝が出てきます。その結果仕事力がアップしていき、だんだんとリーダーの仕事も任されるようになります。いつまでもこの種の仕事を敬遠している人は、楽している分成長しません。仲間との一体感も出てきません。MLMの場合、良い仲間作りをすると言われています。しかし、これらの裏方の仕事を敬遠しているようでは、仕事力がアップしません。また、仲間との一体感も醸成されません。

もし、継続的権利収入を取る時点になって、まだそれを敬遠しているようでは、周りから白い目で見られ、自己成長の妨げとなります。アップライン等から注意され、聞き流しているようでは、その人の成長も止まり、継続的権利収入を取る障害となっていきます。

# 1 収入の質の違いを認識する

## 《1》右肩上がりの継続的権利収入の意味を深く理解してみる

老後に毎月継続的に収入が入ることが確定していたら、将来に対する不安がなくなり、心のゆとりができます。本来年金がその役割を果たしていました。

しかし、一昨年（2019年）金融庁が、人生100年時代では、年金だけでは平均2000万円の赤字となる旨発表しました。ただし、持ち家があることが前提です。この発表は国民に衝撃を与え、自分の将来に不安を持った国民は多いと思います。そこで、国民は継続的権利収入の道を模索しはじめました。

これに呼応して金融機関は年金を活用したアパート、マンション経営を勧めています。しかし、今後益々人口減少社会が続く時代では、空室問題が大きな社会問題となります。

仮に、1室10万円の月額家賃を期待した場合、これで一応年金不足対策はできることになります。その場合、3000万円程度のマンションを購入すれば継続的収入が得られます。

3000万円のマンションを購入するには、退職金で一括購入する以外に現金で購入できる人はそう多くはないはずです。仮に3000万円を全額30年ローンで購入した場合、毎年の返済額は100万円、利息を考慮すると月額9万円程度返済が必要となります。

その場合、あなたは3000万円の借金を30年間背負い続けることになります。もし、あなたの会社が倒産したり、リストラで解雇されたりしたら、とたんに借金の返済ができなくなります。そのマンションには通常抵当権がついているので担

## ●継続的権利収入：収入の質の違い

**【リスク型権利収入】毎月10万円の家賃収入**

◆3000万円のマンションを手に入れるためには
①購入資金を貯める
②借りる
③両者の併用

◆リスク
①空室
②ローン返済リスク
③欠陥住宅
④天変地異

## 〈収入の質の違いを理解する〉

| 従業員　パート<br>アルバイト | 家賃収入<br>FCオーナー<br>MLM |
| --- | --- |
| 自営業　中小企業経営者<br>弁護士等自由業 | 投資家<br>オーナー社長 |

保として取り上げられます。しかし競売に付しても、残債が残ればあなたの負担となります。それが返せなければ自己破産となります。

こんなリスクをとって３０００万円の借金をしてまでマンションを購入する決断ができますか。

仮に、退職金で購入した場合でも、空室リスクや、欠陥マンション問題というリスクもあります。更には大地震が来て、マンション価値が大きく下がるリスクも想定しなければなりません。

その意味で、初期投資が少額のＭＬＭは、毎月数千円の投資でマンション投資から得られる家賃相当の収入が期待できるので、個人にとっては極めてリスクの低いビジネス・モデルといえます。

但し、毎月の投資が少額なので時間がかかります。時間という投資をしていくうちにいずれ権利収入が得られます。

商品系のMLMの場合、毎月の投資額、概ね1万円程度のMLMが多いですが、収入が得られないと辞めてしまう人が後を絶たないので、次から次へと新規ディストリビューターを募らなければなりません。これを放置しておくと、右肩下がりの権利収入となります。

## Coffee Break

### ― 阪神・淡路大震災の経済的被害者となった私 ―

阪神・淡路大震災が発生する10年前に私は江東区の白河に80㎡弱の3LDKのマンションを購入しました。マンションの前に隅田川の支流小名木川が流れており、あまり地盤が良くなかったので、地盤の良いところへ買い換えを考えていました。

当時バブルの最盛期で、3365万円で購入した同じ間取りの部屋はピーク時1億円近くも価値が上がり、1億3000万円で売られていました。

私の部屋の売却額を査定すると5700万円でした。そこで、私は池袋のマンションを6200万円で購入しました。部屋の引き渡しは、1995年6月末となっていましたが、買主とは引渡時期が会わず、やむなく延期しました。

そして年が明けた1995年1月17日に阪神・淡路大震災が発生しました。そのとき、マンションの1階が押しつぶされた映像がマスコミで大々的に報道され為、マンション価値が大きく下がりました。

私の部屋も5700万円から2000万円下げてしまいました。すっかり資金繰りが狂い、退職金を充当することにしました。

## 《2》生活費の足し程度に思って参加する人は絶対に成功しません！

前項の補足として、生活費の足し程度にMLMを始める人は絶対に成功できません。なぜならそういう意識の人は、労働対価報酬の感覚から抜け出せないからです。

そういう意識の人は、自分の老後に必要な資金をシミュレーションし、労働対価報酬としての副業に時間を注ぎ、年金不足を補ったら良いと思います。

# 2 仕事として捉える

## 《1》仕事として捉える意味を理解し、実行する

企業に勤務する場合、会社は当然その人の仕事の能力に応じて給与を支払います。「仕事として捉える」ということなど、ことさら言う必要はありません。しかし、MLMの場合、給料を支払わないので、指示命令の組織ではありません。従って、「仕事として捉える」ことが最重要課題となります。

それでは「仕事として捉える」とは具体的にどういう意味でしょうか。

### ①セミナースケジュールを手帳に書き込む

自分が参加すべきセミナーをアップラインから聞き、スケジュール表に記載します。そして、そのセミナーには優先的に参加します。時間を4象限に分け

て解説しましたが、「緊急ではないが重要」がこのセミナー参加です。

## ②セミナーに参加する

どんな仕事でもやり方があります。習得するまでマニュアルに沿って繰り返します。通常は仕事をやりながら覚えていきます。ＭＬＭの場合もこれと同じです。セミナーにはいろいろな種類があります。それぞれのセミナーを繰り返し聴くことで、そのＭＬＭ主催企業の代表者の経営理念を理解できるようになります。しっかりと腹落ちするまで何度も聴くことが大切です。

その結果、会社に対する確信の度合いが増していきます。そして、伝える力がついてきます。確信の度合いが増すほど自然と伝わっていきます。単なる儲け話と理解していると伝わりません。人によっては、ネズミ講程度にしか伝わりません。

## ③主体的にセミナーに参加する

当初は、アップラインからどのセミナーに参加したらいいかのアドバイスを受けます。しかし、いずれ自分で分かるようになります。そして、自分が直接紹介した人と一緒に参加するようになると、次第に自分から主体的にセミナーに参加するようになります。すると同じ事を聞いても、自分一人だけで参加する場合と、直接紹介した人と一緒に聞いた場合では、セミナーの把握の仕方が変わります。今度は相手の立場に立って聴くようになります。

そのうち、組織が大きくなっていきます。自分の仲間と一緒にセミナーに参加するうちに、自発的に参加するようになります。これが成功の階段を上る過程となります。成功の階段を一段一段着実に上ることで、あなたの実力は、確実に上がっています。その途中で自己成長した自分を発見し、喜びを感じるようになります。

## 《2》期限付きの目標設定

通常の企業、特に営業の場合、毎期今期の利益計画を提出します。その今期の目標に従い、営業活動をしていきます。

ＭＬＭの場合、営業ではないですが、期限付きの目標、例えば1年後の目標を自分にコミットします。これは少し高めの目標設定が良いです。3ヶ月程度やってみて、アップラインと相談のうえ、当初の目標を見直します。3ヶ月くらい経つとアップラインはそのダウンラインの性格、能力、モチベーション等を理解し、どの程度が適正かを見ます。

周囲が高い目標を掲げているから、自身も同様に高い目標を掲げているという人が、多く見受けられます。しかし、有言不実行の人が圧倒的に多いのです。なぜそうなるかというと、ＭＬＭの場合、指示命令の組織ではないので、自分との戦いとなります。その結果、どうしても自分自身に甘くなってしまうのです。

**〈MLMで成功する秘訣〉**

| 未来ビジョンを描く（夢） | 仕事として向き合う |
| --- | --- |
| 期限付きの目標を立てる | 成功者のやり方を素直に学んで素直に実戦する |

## 《3》PDCMサイクルを回す

通常、企業の場合、PDCAサイクルを回します。PDCAとは、Plan→Do→Check→Actionの略です。すなわち、Plan＝期首に利益計画を立てる。Do＝その利益計画に対し営業活動をする。Check＝毎月期首計画が計画通り達成されているかどうかチェックする。これを予実対比と言います。利益計画通りいっていない場合、Action＝見直していきます。

これに対し、MLMの場合、PDCMサイクルを回していきます。PDCまでは同じですが、最後のM：Motivationが異なります。MLMは指示命令の組織ではないので、モチベーションをいかに維持していくかが最重要ポイントといえます。

その為には、そのモチベーションを維持する夢が絶対に必要となります。これに関しては、次節3で述べます。

# 3 目標、願望、夢リストの作成

## 《1》発想の転換：生活のためでなく、自分の夢を叶える

先ほども述べたとおり、生活のためだと思ってＭＬＭをやっている人は絶対に成功しません。なぜならＭＬＭは、モチベーション維持が最重要ポイントだからです。生活のためだと思ったらモチベーションは維持できないからです。

夢は人それぞれ異なります。それをどんどん紙に書き出します。子供のときに描いた夢、しかし社会生活を送るなかで忘れてしまった夢。家族のために何かしたい、その夢を叶えてあげたい、何でも結構です。短期から中長期のものまで書き出します。それを「私の夢」として、身近な所に貼り出し、常に目に入るようにしておきます。これは潜在意識に自分の夢をインプットし、実現できるようにする作業です。「人間は意識したモノしか情報をキャッチしない」という法則に従っています。

## 《2》自分の将来像をイメージする

### ①中長期の目標

自分の夢を実現するにはいくら収入が必要か分かってきます。例えば、３年後に月収１００万円と書き出します。

### ②自分の将来像をイメージする

夢の実現の時期が明確となり、それにともなう収入を自分にコミットします。自分の夢を明確にイメージできたとき、わくわくしてきます。そしてそれを周りの人に発表することで、お互いの夢を共有します。有言実行です。自分の内に秘めておくだけでは、その夢はいつしかしぼんでいきます。だから口に出して言うことが大切です。

Ａｆｆｉｒｍａｔｉｏｎ（アファーメーション）といって、紙に書いて、毎日声を出して、自分にコミットします。これを毎日繰り返すと、わくわく感は維持でき、モチベーションを保つことができます。

## ③本気モードのスイッチを入れる

そうなると、本気モードにスイッチが入ってきます。本気モードがあなたの組織を大きくしていく推進力となります。

## ④夢が期限付きの目標までに達成できない

目標の期限までに、夢が達成できないことはよくあります。

これに対し、あなたは毎月数千円のお金と時間を投資しています。今はゼロ金利の時代なので、先行投資に対する利子という考え方は出てきません。時間投資に対しても利子という考え方は出てきません。

しかし、もし期限通りに継続的な収入が入ってきたとしたら、そのお金であなたが描いた夢が、1つ1つ実現できることとなります。

これを見えない利子だと思うと、あなたは自分の仕事ぶりを反省するはずです。どこがいけなかったかを反省し、あなたのこれまでの仕事ぶりをチェックします。

そして、新たな期日を設定し、それに向かって再スタートを切ります。

## 《3》成功者のやる理由と成功できない人のやらない理由は同じ！

### ①最大の敵は自分自身

あなたは成功できない人のやらない三大理由をご存じですか？

１つ目は、お金がないです。

こういう人は、目先の収入しか頭にありません。今お金がない人は、５年先、10年先もお金で苦労します。お金で苦労する人生を続けていきます。

２つ目は、忙しくてできないです。

いつも「忙しい、忙しい」を連発している人は、いつまでたっても忙しさから抜け出すことはできません。「忙」という漢字は心を亡くすと書きます。一生涯忙しい忙しいを連発し、気がついたら定年を迎えます。会社人間で生きてきたあなたは、定年後は会社の仲間を失います。会社人間のあなたは、自分の住んでいる地域の人との交流はなかなかできません。その時は粗大ゴミとなり、今度は暇をもてあますことになります。

３つ目は、家族関係の問題で、今はできないです。

子供の教育問題、家族の病気の問題、介護等様々な問題を抱え、その対応で手一杯となり、費用負担がきつくそれどころではないという反応となります。

また、仮にMLMをやったとしても、成功できない人も多数います。最大の理由は、自分との戦いに負けてしまったからです。MLMの組織は指示命令の組織ではありません。従って、アップラインからのアドバイスはあっても指示命令はありません。結局「最大の敵は自分にあり」、自分との戦いに負けて敗者となります。そして、また元の負のスパイラルに陥っていきます。成功しない人は、先を見通す自己イメージ力が弱いといえます。

一方、成功者がやる第1の理由はお金の問題です。

これには2つのタイプがあります。1つは経営者タイプの人です。このままなら借金を返すことが厳しい。または返せたとしても、借金地獄に追われる人生となる。それなら、右肩上がりの継続的権利収入を得られるMLMに、チャレンジしてみる価値はあると判断します。そのときの重要事項として、そのMLMでどれだけの会員が右肩上がりの継続的権利収入を得ているかです。

通常、商品系のMLMは限られたパイの中でパイの奪い合いをやっています。

そのMLMのディストリビューターは、皆自社の商品、仮にサプリメントならそのサプリメントが日本一、いや世界一と自慢します。そしてこのサプリメントで癌が治ったと薬事法違反のことをオフレコでPRします。しかし、こういう法律違反は即コンプライアンス違反となり、ビジネスの限界を来します。

後発のMLMの会社は、自社のサプリメントの方が、よりすぐれているとPRします。しかし、既存のMLMの市場は、バブルが弾けて以来縮小傾向にあり、25年前と比べ4分の1の9000億円程度の市場と言われています。従って、どのMLMも大方開業から5～6年は右肩上がりで収入が伸びていきますが、いずれはピークアウトし、売上は下放曲線を描きはじめます。当然、右肩上がりの継続的権利収入は期待できません。

さらには競合に敗れ、事業破綻するMLM企業も出てきます。そうなるとせっかく創った組織は一瞬で水泡に帰して、収入の道を断たれることになります。

ですから、経営的に見て、そのMLM企業の資金繰り、収支構造に注目します。豪華な本社ビルに入居しているMLM企業は、経営者の目から見たら要注意です。固定費が高くなる分、損益分岐点が上がり、マイナス評価です。

次に忙しくてできないという理由ですが、本当にそのＭＬＭのビジネス・モデルに魅力を感じ、納得するなら、そのＭＬＭに時間を割きます。その場合、期限付きの目標、例えば、３年なら3年と設定して、最重要資源である時間を割り当てます。夜のおつきあいは必要最低限に絞り、土日もＭＬＭの為に確保します。

３つ目の理由の家族の問題です。家族のトラブルの9割は、経済的問題といわれています。そのＭＬＭから右肩上がりの継続的権利収入が得られると納得するなら、家族の経済的問題をピックアップして、それにどの程度必要なのかを割り当てます。

いかがでしたか?

成功者とそうでない人の違いは、先見力と物事の洞察力の違いといえます。

成功者は、過去にも同じモノの見方をして成功してきました。当然成功者といえども過去に失敗もあったはずです。しかし、持ち前のプラス思考で、失敗から学び取り、次の成功の糧としています。

ところが、成功できない人は、過去の失敗にいつまでもくよくよし、それを引きずっています。そして、また今度も失敗するのではないかという恐怖心が先に立ちます。いつもそういう負のスパイラルに陥りながら、山あり谷ありの人生を送り続けます。

成功者も山あり谷ありの人生ですが、長期的には右肩上がりの人生となっています。そこが成功者とそうでない人の精神的構造の大きな違いといえます。

人生の晩年に、あのときああしておけば良かったと思うことがあります。そのとき、成功できない人は、結局ドリームキラー（夢泥棒）は自分だったということに気づきます。なお、気づかないまま一生を送る人も多数います。

失敗とは、成功の反対でなく、せっかくのチャンスを活かせず、何もやらないことだと人生の最晩年に気づかされる人も多数います。

### 成功者のやる理由と
### 成功できない人のやらない理由は同じ!

| 成功しない人 | 事　実 | 成功者 |
| --- | --- | --- |
| ・お金がないのでやる余裕がない | ・お金 | ・借金を返済したい経済的自立 |
| ・忙しいのでやる時間がない | ・忙しい | ・ラットレースから抜け出したい |
| ・家族問題が大変でやる余裕がない | ・家族問題 | ・家族問題を解決するためにも経済的問題を解決したい |

## ②成功できない人の資質

成功者は、計画通り行かない理由を自分に求めます。これに対し、成功できない人は、自分ができない理由を言い訳にすり替えようとします。環境のせいにしたがります。また、成功者のアドバイスを素直に聴けない人も多いです。

## ③熱量の差

成功者とそうでない人の熱量の差は歴然としています。

ＭＬＭでは、アップラインやアップラインリーダーは、熱量の多い人にはその熱量分だけ支援します。

仮にダウンラインの熱量が本気モードの10とします。アップラインやアップラインリーダーは同じ10の熱量で支援します。10×10＝１００となります。

これに対し、やる気の熱量が半分程度の人には、その半分程度の熱量で支援します。５×５＝25となります。熱量が半分になると、発するエネルギー量は4分の１に激減します。同じ熱量で応援すると、ダウンラインはやけどをしてしまうからです。

更に1の熱量のダウンラインには1程度の熱量でしか応援できません。

1×1＝1　熱量が10分の1に下がると、発熱量は100分の1に激減します。

なぜそうなるかというと、熱量の低い人にアドバイスをすると、ときとして、それを指示命令と受け止めてしまい、反発することがあるからです。その場合は、アップラインのアドバイスを素直に受け入れようとしません。熱量10のダウンラインには、多少きつくアドバイスして

## ●熱量の差が成功者と成功できない人の差

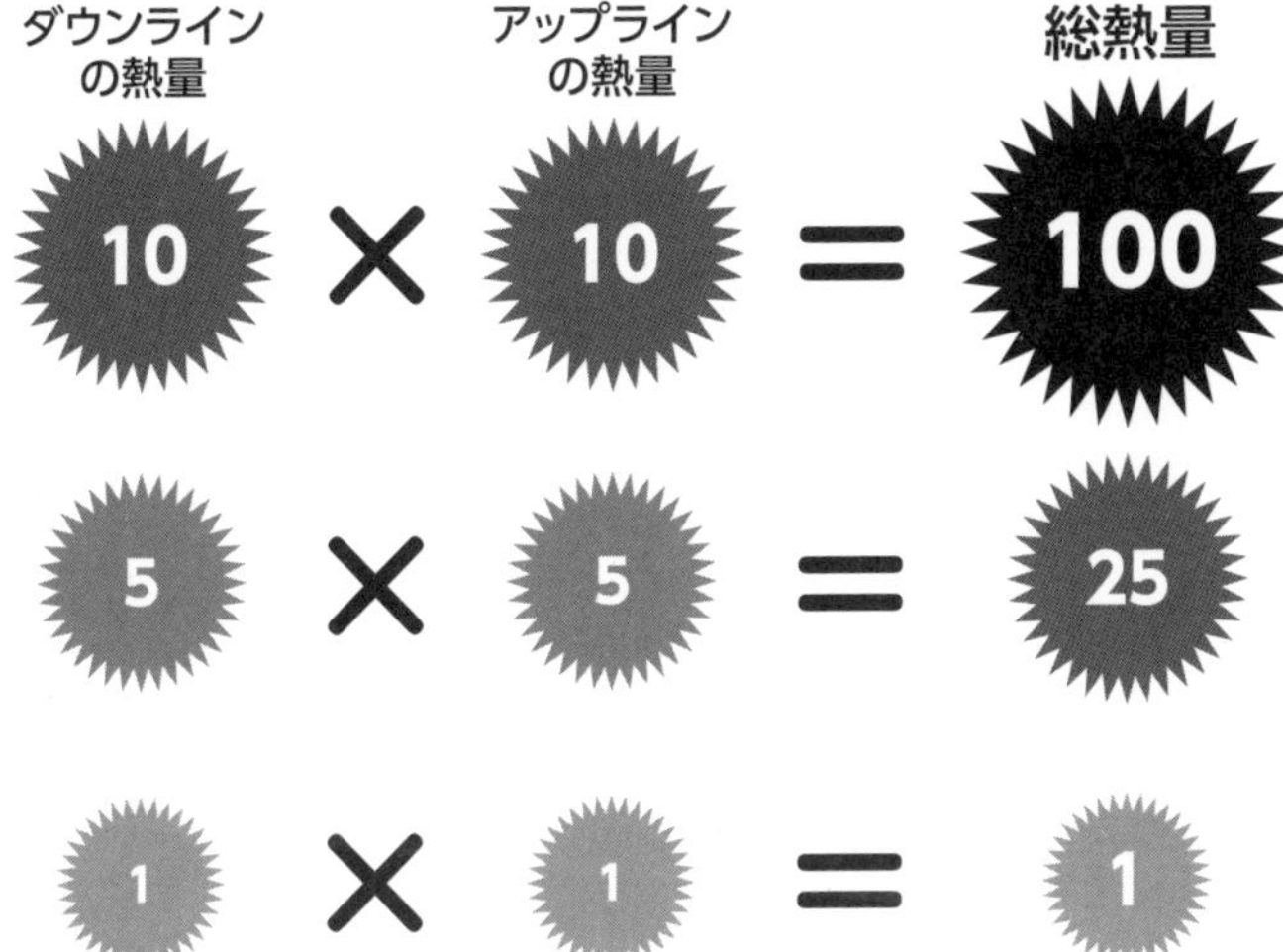

も、それを愛の鞭として受け止めることができますが、熱量1の人に同じようにそれをやったら、下手をするとパワハラだと勘違いされることすらあります。

一般の企業なら、熱量1の人は上司から叱責や大目玉を食らう事になります。中小零細企業なら首が飛ぶことすらあります。

ここが、指示命令組織でないMLMのマネジメントの難しい点です。

成功者とそうでない人の差が大きく開く要因といえます。

### ④成功者の村に入る資格は成功者のみ

一般社会では、「類は友を呼ぶ」の格言通り、成功者は成功者同志で集まります。成功者は皆プラス思考です。従って、成功者はマイナス思考の人を歓迎しません。

ところが、MLMでは、成功していない人でも成功者と接することができます。成功者のプラス思考、プラス波動に触れることで、自分のマイナス思考をプラス思考に切り替えることができます。成功者と絶えず接しているうちにプラス思考に変わっていきます。そして、いつしか成功者となっていきます。ここが特に人材育成を主眼としているＭＬＭの良いところです。

## 《4》自己成長の場

仏教用語でいう利自即利他、つまり自分のためだけでなく、他人の為にもＭＬＭをやっているという気持ちで進めていると自己成長につながっていきます。それを発見したときに、喜びや幸福感を味わいます。

あなたの組織が拡大し、右肩上がりの継続的権利収入が取れるようになると、あなたは経済的安定を得て、あなたに協力してきたアップラインやあなたの収入源であるダウンラインに感謝するようになります。また、直接あなたの収入には結びつかないけれど、他系列の人との連携や協力関係があったからこそ、今日のあなたがあることにも感謝の思いがいくようになります。

そして、利自即利他から利他行へとあなたの気持ちが変化します。自分の組織だけのことを考えていたあなたから脱皮し、そのＭＬＭ企業全体に貢献する自分へと変わっていきます。結果、更に自己成長し、喜びや幸福感が増幅していきます。

## 《5》ぶれない自分作り

ＭＬＭをやっているときには失敗や嫌なこともあります。しかし、それも自分を成長させる糧、肥やしと思えば良いのです。少なくとも成功者はプラス思考ですからそう考えます。

成功できない人は、些細なことで直ぐにモチベーションが下がります。アップラインリーダーのアドバイスを素直に聴けず、マイナスと捉え、ＰＤＣＭサイクルを回さなくなります。

成功者は、右肩上がりの継続的権利収入を獲得しているイメージの先取りができます。

そして、実際に右肩上がりの継続的権利収入を取れるようになったときに、そのことを実感できるようになります。

その為には、明確な夢とそれに基づいた期限付きの目標を掲げ、モチベーションを維持し、本気モードにスイッチを入れ続けることが大切です。この状態を保つことでぶれない自分作りをすることができます。それが成功への道へとつながっていきます。

『あなたの営業力、伝える力10倍アップの極意』で、「成功の旅」について触れました。

成功とは、右肩上がりの継続的権利収入を得たときだけでなく、そこに至るまでの努力の過程も含まれます。右肩上がりの継続的権利収入を得るということは、億単位の生涯年収を得ることになります。

もし、仮に宝くじで億単位の収入を得たと仮定します。もちろんうれしいです。幸福の絶頂でしょう。しかし、自己成長はしていません。宝くじに当たった人のその後の人生は、決して幸福とは言えないと言われています。なぜなら、いざ宝くじを買ったとき、宝くじに当たったという夢は見ても、宝くじに当たったら具体的にどういう夢を実現したら良いかを考える人はほとんどいないからです。

これに対し、MLMでは自分の夢を掲げ、それに向かって突き進んでいきます。それに向かって努力精進していきます。その過程で自己成長していきます。あなたが右肩上がりの継続的権利収入を得たとき、既にあなたはそれに値するだけの実力を身につけているわけですから。夢を描くことの大切さを強調しても強調しすぎることはありません。

一方、ちょっとしたコミュニケーション上のトラブルで心が揺れ動き、モチベーションダがウンする人もいます。

そのような人はアップラインから見ると必要以上に気を遣わせます。アップラインはその人の仕事力アップ考えながら必要な仕事を与えているわけですが、メンタル面で起伏が大きい人には安心して仕事を任せることができません。その結果、本人の仕事力は伸び悩み、収入面にも影響を与えることになります。

また、無責任な人にも仕事を任せられません。無断でセミナー会場に遅刻する人、更には無断欠席する無責任な人もいます。これではアップラインは安心して仕事を任せることができません。当然、その人の収入も伸びません。ＭＬＭはチームワークが大切です。それを軽視する人は良い仲間もできず、収入もアップしません。これもＭＬＭの仕事の一部だと認識せず、仕事として捉えていないことになります。

# おわりに

本書を書いているうちに、本書を実践することで仕事力がアップするだけでなく、生産性アップにも役立つことが分かりました。

10年ほど前に、M&A案件でH社の経営参謀役として社長補佐を務めました。

事業計画の立案、作成、弁護士とのやり取り及び議事録の作成、デューデリ、決算書の分析及び社長へのアドバイス、契約書の作成、英文契約書の作成と通訳業務。これらの業務を全てこなせるのは社内に誰もいないので、私に白羽の矢が立ち、1年半ほど経営参謀役として社長を補佐しました。

そのとき、私がそれまで培ってきた様々な経験から、広範にわたる仕事を人並み以上にこなせることが分かりました。そこで10年前に『あなたの仕事力10倍アップの極意』のDVDを作成しました。

その後、10年が経過し、私自身中小・ベンチャー企業の経営コンサルタントとして様々な業務をこなしてきたので、そのDVDの内容を大幅に改訂しました。

そこで、書名を『あなたの仕事力10倍アップの極意』から『あなたの仕事力・生産性10倍アップの極意』に変更しました。

更には、私の70年以上に及ぶ人生を振り返って、高校2年生が原点であることに気づきました。高校2年生の時に「日本は資源小国、だから将来世界を股にかけるビジネスマンになろう！」と決意したのが始まりです。私の人生を振り返ると、絶えずミッションを掲げて、人生にチャレンジし続けてきました。

その過程で、どういう人生を送りたいのかという精神的態度の重要性に気づきました。

その精神的態度の重要性に気づき実践してきた結果、自分自身の人生を変えてきたことになります。

もし、そうでなかったら、私は三井物産に定年まで働き、他の物産マンと同じような人生を、送っていたかも知れません。多くの物産マンは、現役時代仕事に全力投球し、社内の出世争いで心身共に消耗し、定年退職のときは、心身共にぼろぼろになって燃え尽きて辞める人が、非常に多いことが分かりました。だから退職後は悠々自適の道を選ぶ物産マンが非常に多いのです。

三井物産の同期会で会うと、旧友が「おまえだけやけに若くてはつらつとしているな」とびっくりします。

今年72歳になる私は生涯現役人生を全うし、既に自分事は終わっている。だから今後の人生は、これまでの自分の経験とお金を活かして、世の為人の為に働いていこうと思っているわけです。従って、同期の仲間と比べ精神的態度が全く異なります。それが若さの秘訣といえます。

私が社会人となった1972年頃は、人生80年時代でした。現在は人生100年時代です。当時は寝たきり痴呆老人など存在しない時代でした。従って、定年後の30~40年間をいかに充実して生きていくのか。それは現役時代から考えておく必要があります。さもないと、確実に寝たきり痴呆老人の仲間入りをして、社会に迷惑をかけてしまうことになります。本書は、現役世代に一石を投じる書籍といえます。

# おわりのおわりに

本書を執筆するに当たり、私は『10倍アップの極意シリーズ』の類似書も多数読んできました。しかし、本のタイトルやキャッチコピー通りこれは凄いという書籍に、一部の名作力作を除き出逢いませんでした。

その理由が分かりました。

昨年12月から、中林久氏主催「『朝6読書会』～30分の無料オンライン読書会」に参加しています。12月26日、27日の2日間は、速読法がメインテーマでした。

そこで学んだことは、大半の著書は2～3割程度の中身であり、その中身をまず把握し、要点整理していけば、各書籍の骨子を理解できるということです。残りの7～8割の部分は出版社の編集者の力量によるところが多いそうです。

実際に単行本を読んでみて、参考になる箇所は2～3割程度であることが分かりました。

一方、私の「10倍アップの極意シリーズ」は、編集者の力を借りず、ゴーストライターも存在せず、全て私が書き下ろしています。従って、内容的には各著書のタイトルの9割程度がぎっしりと詰まっています。読書から得た知識、過去の読書経験、社会人人生50年の経験に裏打ちされた内容となっています。その為、類似書と比べて読み応えがあり、優れていると納得し、拙著に関する自信を深めることができました。

なお、1割の部分は遊びの部分です。車のハンドルにも遊びの部分がないと、スムーズな運転ができません。10割ぎっちり詰め込んでしまうと、読者が息苦しさを感じることになりかねません。読者が読みやすさを感じるように少し口語調にすることで、難しい内容を易しくして、理解できるようにしています。また、メルマガ『マーキュリー通信』を適宜入れたり、コーヒーブレイクを入れて読者に少し息抜きを与えるコーナーにしています。読者から私の文章はわかりやすくて読みやすいとの書評が多いようです。

一方、人生を変える速読法GSRの著者、浦地純也氏の速読法の習得により、現在年間200冊の読書量を500冊まで引き上げようと思っています。

そして、「10倍アップの極意シリーズ」の内容をさらに充実し、他著との差別化をしていきたいと思っています。

本書を熟読し、実践することで、あなたの人生を変え、充実した人生にする一助となれば著者としては望外の喜びです。

令和3年3月

富、無限大コンサルタント
最勝の経営参謀役
菅谷信雄

著者　菅谷信雄 ―――――――――――――――― PROFILE

・1972年、一橋大学商学部（marketing専攻／田内幸一ゼミ）卒。1972～1997年、三井物産（株）に25年間勤務。三井物産在籍中に、若手物産マンの人材育成プログラムCDP（career development program）に従い、開発会計で財経部門を3年間経験した後、凡そ3年毎に国内鉄鋼営業、石炭部、北米研修員、Canada三井物産新規炭鉱開発兼契約担当窓口、鉄鋼部門のシステムコーディネーターを経験後、自ら希望して新設の情報産業部門に異動。異動後の最重要案件として、テレマーケティングの新会社（株）もしもしホットラインの設立業務に従事。同社は、1987年６月23日に設立。現在従業員3万人の大企業に成長。東証一部上場。2020年3月期売上高1,280億円、現在りらいあコミュニケーションズ（株）に社名変更。その後、情報通信事業部の新規事業責任者。最後は東京電力他と共同出資会社東京通信ネットワーク（株）に出向。

〈1997年～現在〉

・2002年　世界最小の総合商社（有）マーキュリー物産設立（資本金1000万円）
・三井物産退職後、23年間で18社に数千万円投資
内1社上場、現在数社が上場に向けて事業推進中

・2014年 5月　NPO生涯現役推進協会設立

・2015年 7月　一般社団法人空き家問題解決協会設立

〈出 版 実 績〉

・2002年 2月　初出版：『超失業時代を勝ち抜くための最強戦略』（明窓出版）
紀伊国屋新宿本店ベストセラー書週間第５位

・2016年 2月　電子書籍『マンション管理、7つの失敗とその回避策』をAmazonから出版

・2019年 7月　『生涯現役社会が日本を救う!』（平成出版）を出版

・2020年 1月　『Bob Sugayaのあなたの英語力10倍UPの極意』（游学社）を出版

・2020年 4月　『あなたの人脈力10倍UPの極意』（游学社）を出版

・2020年 10月　『あなたのコミュニケーション力10倍UPの極意』（玄文社）を出版

・2020年 12月　『あなたの営業力、伝える力10倍UPの極意』（玄文社）出版

## 参考文献


**はじめに**

『人が仕事をつくり、仕事が人を磨く』（三井物産元会長橋本栄一著）

**第1章：仕事力をアップする精神的態度**

『成功の法』『自助論の精神』（大川隆法著　幸福の科学出版）
『常勝思考』（大川隆法著　幸福の科学出版）
『人生計画の立て方』（本多静六著　実業之日本社）
『東京帝大教授が教える、お金に満足し、人の信頼を得る法』（本多静六著　実業之日本社）
『思考は現実化する』（ナポレオンヒル著　きこ書房）
『願いが叶う心の法則　ナポレオン・ヒルの霊言』（大川隆法著　幸福の科学出版）
『人生が驚くほど逆転する思考法』（ノーマン・ヴィンセント・ピール著　三笠書房）
『原因と結果の法則』（ジェームス・アレン著　サンマーク出版）
『原因と結果の法則２　幸福への道』（ジェームス・アレン著　サンマーク出版）
『人生に奇跡をもたらす７つの法則』（ディーパック・チョプラ著　PHP）
『富と幸せを生む知恵』（渋沢栄一著　実業之日本社）
『凡時徹底と静寂の時間』（大川隆法著　幸福の科学出版）
『凡時徹底と成功への道』（大川隆法著　幸福の科学出版）
『７つの習慣』（スティーヴン・コビー著　キングベアー出版）
『７つの習慣』（スティーヴン・コビー著　宝島社）
『速攻10倍の仕事術』（中島孝志著　三笠書房）
『人生が驚くほど逆転する思考法』（N・V・ピール著　三笠書房）

**第2章：仕事力をアップする原理原則**

『仕事と愛』（大川隆法著　幸福の科学出版）
『健康経営』（金城実著　プレジデント社）
『あなたのコミュニケーション力10倍アップの極意』（菅谷信雄著　玄文社）

**第3章：時間管理戦略で生産性の飛躍的アップを図る**

『自助論の精神』（大川隆法著　幸福の科学出版）
『現代の自助論を求めて』（大川隆法著　幸福の科学出版）
『即断力の磨き方』（中島一著　PHP）

**第４章：仕事を通じて習慣化を図る**

『７つの習慣』（スティーヴン・コビー著　キングベアー出版）
『７つの習慣』（スティーヴン・コビー著　宝島社）

**第5章：MLMで成功する仕事力アップの極意**

『金持ち父さん、貧乏父さん』（ロバート・キヨサキ著　筑摩書房）
『金持ち父さんのキャッシュ・フロークワドラント』（ロバート・キヨサキ著　筑摩書房）
『マーフィー　欲しいだけのお金が手に入る　努力いらずの17の成功法則』
（ジョセフ・マーフィー著　三笠書房）
『眠りながら成功する』（ジョセフ・マーフィー著　産能大学出版）
『9割の夢が叶う宝地図の秘密』（望月俊孝著　中経出版）
『チーズはどこへ消えた』（スペンサー・ジョンソン著　扶桑社）
『借金2000万円を抱えた僕にドSの宇宙さんが教えてくれた超うまくいく口癖』
（小池浩著　サンマーク出版）
『大富豪のアニキ』（丸尾孝俊著　Kindle版）

# あなたの仕事力・生産性10倍UPの極意

2021年4月14日　初版第1刷発行

著　者　菅谷　信雄
発行人　後尾　和男
発行所　株式会社玄文社
【本　社】〒108-0074　東京都港区高輪4-8-11-306
【事業所】〒162-0811　東京都新宿区水道町2-15　新灯ビル
TEL　03-5206-4010　FAX　03-5206-4011
http://www.genbun-sha.co.jp
e-mail : genbun@netlaputa.ne.jp
装　丁　北澤眞人
印刷所　新灯印刷株式会社